Anton Neumayr

# ZWISCHEN KAISER UND REICH

Ibera

Dem profunden Kenner,
dem engagierten Interpreten
Salzburger Geschichte,
meinem lieben Landsmann
Prälat Dr. Johannes Neuhardt
in aufrichtiger Verbundenheit
gewidmet

ANTON NEUMAYR

# ZWISCHEN KAISER UND REICH

Historischer Streifzug durch das Jahrtausend des geistlichen Fürstentums Salzburg

**Ibera** verlag, wien

Die Deutsche Bibliothek – CIP-Einheitsaufnahme
**Neumayr, Anton:**
**ZWISCHEN KAISER UND REICH**: Historischer Streifzug durch das Jahrtausend des geistlichen Fürstentums Salzburg.
– Wien: Ibera-Verl., 2009
ISBN 978-3-85052-258-8


1. Auflage

Herstellung: CPI–Moravia Books, Korneuburg
ISBN 978-3-85052-258-8


www.ibera.at

INHALTSVERZEICHNIS

# HERKUNFT BLEIBT STETS AUCH ZUKUNFT

Es freut mich, diesem opus novissimus unseres lieben Professors ein kurzes Wort vorausschicken zu dürfen. Der Salzburger mit Leib und Seele muss ja nicht erst vorgestellt werden. Als Arzt von internationalem Ruf, als universell gebildeter Humanist, als feinfühliger Musiker Interpret einer Welt, für die uns noch die Erfahrung fehlt, ist Anton Neumayr einer breiten Öffentlichkeit bestens bekannt geworden.
Hier tritt er als Hobby-Historiker vor uns.
Die Geschichte seiner Heimat, des geistlichen Hoch- und Erzstiftes Salzburg, in den Zusammenhängen europäischer Machtpolitik in einem Jahrtausend dargestellt zu sehen, überrascht durch die kompakte Sprache und die neuen Aspekte, die Lokalgeschichte erst ganz durchschaubar machen.

Möge das Werk zu Juvavens Ruhm und Ehre ein wenig beitragen.

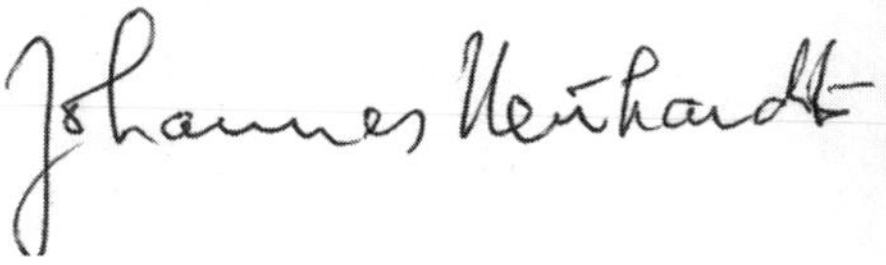

Prälat Dr. Johannes Neuhardt

# VORWORT

Das Land Salzburg besitzt unter allen Bundesländern Österreichs nicht nur die längste eigenständige Geschichte, sondern es war zusätzlich auch ein bedeutender politischer Faktor innerhalb der Gruppe geistlich regierter Staaten im „Heiligen Römischen Reich“, indem man den geistlichen Reichsfürsten Salzburgs häufig entscheidende Rollen während des tausendjährigen Bestandes ihres weltlichen Territoriums in manch kritischen Perioden der europäischen Geschichte übertragen hatte. Die Einbindung und Verwicklung des Fürstentums Salzburg in die oft turbulenten historischen Ereignisse in Europa erforderten von den bischöflichen Landesherrn häufig innen- und außenpolitische Entscheidungen, die nicht nur Entschlossenheit oder mitunter auch hartes Durchgreifen, sondern vor allem auch diplomatisches Geschick der jeweiligen Fürsterzbischöfe und, was nicht immer der Fall war, väterliche Sorge um ihre Untertanen voraussetzten.

In dem von Dopsch und Spatzenegger präsentierten vierbändigen, monumentalen Werk über die „Geschichte Salzburgs“ haben die Herausgeber und Mitarbeiter mit wissenschaftlicher Akribie einen erschöpfenden Überblick über alle nur denkbaren weltgeschichtlichen, kulturgeschichtlichen und natürlich im besonderen auch kirchengeschichtlichen Teilaspekte gegeben, das nicht zuletzt auch durch die alle erreichbaren Quellen erfassende überbordende Bibliographie für Jahrzehnte hinaus ein Goldstandard bleiben wird.

Diese Fundgrube ermöglicht es auch einem historisch nicht universitär vorgebildeten, als Mediziner tätigen Autor, sich ein Bild von der Politik weltlich regierender, geistlicher Reichsfürsten am Beispiel Salzburgs zu verschaffen. Ist es doch für einen Fürsterzbischof ohne Zweifel nicht immer einfach, abweichend von der mittelalterlichen geforderten „Zwei-Schwerter-Doktrin“ das geistliche und das weltliche Schwert in einer Hand zu führen.

Konzentriert sich im Allgemeinen das Interesse für die Salzburger Erzbischöfe auf ihre Verdienste als Kirchenfürsten und als Förderer von Architektur, Kunst und sakralen Belangen und wird ihr privates Leben oder manche ihrer Charakterschwächen in anekdotenhaften Erzählungen einem aufnahmewilligen Publikum gerne vorgestellt, so bleibt ihre Bedeutung als regierende Landesfürsten in populär aufgearbeiteten Publikationen nur allzu oft unterbewertet. Erfährt man jedoch, wie oft sie bei wichtigen Ereignissen in der europäischen Geschichte präsent waren, um in den Gang mancher politischen Entwicklung aktiv einzugreifen, dann wird dem Leser das plakative Bild von „Salzburgs Fürsten“ in einem anderen Licht erscheinen, einem Licht, das zwar auch Schwächen und Fehler aufdeckt, ihren wahren Leistungen aber ohne Zweifel gerechter wird. Um dies durch Beispiele zu illustrieren, habe ich das historische Netzwerk jenes Jahrtausends, in welchem das Schicksal ihres geistlichen Fürstentums nolens volens verstrickt war, als Hintergrund meiner geschichtlichen Betrachtungen gewählt.

Wien, August 2009

# EINLEITUNG

Das Privilegium Salzburgs, schon vor mehr als einem Jahrtausend zu einem der bedeutendsten kirchlichen Zentren in Mitteleuropa aufgestiegen zu sein, war nicht zuletzt durch seine bevorzugte geographische Lage bedingt. Befand sich doch das römische, von Kaiser Claudius mit dem Municipalrecht ausgestattete Iuvavum exakt am Schnittpunkt der beiden wichtigen römischen Fernstraßen, nämlich der nord-südlich ausgerichteten Tauernstraße und der von Westen nach Osten verlaufenden Alpenvorlandstraße. Dieses Iuvavum durfte sich eineinhalb Jahrhunderte lang der so genannten „Pax romana" erfreuen, jenes „römischen Friedens", in welchem die von Kaiser Augustus initiierten ethnischen Grundwerte sowie die verbindlichen Rechtsnormen der Stadt Ruhe und Wohlstand sicherten. Doch mit den kriegerischen Einfällen aus dem Norden kommender germanischer Stämme, die während der Regierungszeit Kaiser Mark Aurels (161–180 n.Chr.) die römischen Grenzbefestigungen überwältigten, blieb auch Iuvavum nicht verschont. Die Häuser der Stadt wurden großteils niedergebrannt und weitgehend zerstört. Ihr Wiederaufbau nahm zwar nur wenige Jahrzehnte in Anspruch, doch sollte diese von ihren Einwohnern erbrachte Leistung nur mit einer kurzen Zeit des Friedens belohnt werden. Denn schon bald wurde die Stadt durch neuerliche Verwüstungen heimgesucht, zunächst durch weitere Einfälle germanischer Völkerschaften und später durch die brandschatzenden Horden des Hunnenkönigs Attila, die um das Jahr 451 durch das Salzburger Land zogen. Ein unaufhaltsamer wirtschaftlicher Niedergang der gesamten Provinz war die Folge, weshalb Odoaker, ein Leibgardist des römischen Kaisers, im Jahr 488 der romanischen Bevölkerung in ganz Ufernorikum den Befehl zu ihrer Aussiedlung nach Italien erteilte.

Für die zu Beginn des 6. Jahrhunderts bereits in mehreren Orten des Landes bestehenden christlichen Gemeinden war in dieser tristen Zeit die segensreiche Tätigkeit des heiligen Severin von großer Bedeutung. Aus der von Eugippius im Jahr 511 verfassten

„Vita Sancti Severini" erfahren wir neben verschiedenen rührenden Wundergeschichten, die sich um die Person Severins rankten, dass schon damals in Iuvavum ein Kloster samt einer dazugehörigen Basilika bestanden haben muss. In diesem Sinne sprechen auch neueste archäologische Forschungsergebnisse, die es als gesichert erscheinen lassen, dass von einer durchgehenden romanischen Siedlungskontinuität im Raum zwischen dem Mönchsberg und dem Kapuzinerberg ausgegangen werden muss und deshalb wie in anderen bedeutenden Städten des frühen Mittelalters, die auf spätantike Bischofssitze aufbauten, der Neubeginn des städtischen Lebens nicht als Gründung, sondern eher als eine Erneuerung der spätantiken Tradition verstanden werden muss. Wie man der historisch als verlässlich geltenden „Notitia Arnonis" vom Jahre 788 entnehmen kann, gilt dies auch für den Zeitraum vor dem Eintreffen des heiligen Rupert in Salzburg. Denn dort heißt es dezidiert, dass Rupert (696–716) vom Bayernherzog Theodo aus dem Geschlecht der Agilolfinger „die Stadt Salzburg einschließlich der oberen Burg" zum Geschenk erhielt, weshalb Rupert keine Neugründung vollziehen musste, sondern nur an eine schon vorher bestandene christliche Kultstätte im Schatten der Mönchsbergwand anknüpfte und diese weiter ausbaute. Mit diesem Ausbau der mehr als bescheidenen Unterkünfte am Fuße des Mönchsberges, die der dort angesiedelten geistlichen Gemeinschaft von Mönchen als Wohnraum dienten, schuf somit der heilige Rupert die eigentliche Keimzelle des späteren Bistums von Salzburg. Von den Agilolfingern dürfte der Bischofssitz in Salzburg wohl als Zentrum für die geplante Slawenmission in Karantanien, also im heutigen Kärnten, gedacht worden sein, an der Rupert allerdings angesichts der heftigen Gegenwehr der heidnischen Slawen gescheitert war. Diese Missionsaufgabe konnte erst mit der Berufung des heiligen Virgil (767–784) kompromisslos in Angriff genommen werden, der nach dem Tod Ruperts mit von glühendem missionarischen Eifer beseelten iroschottischen Wanderpredigern ins Land kam und vom Bayernherzog Tassilo III. zum ersten Bischof Salzburgs ernannt wurde. Virgil gelang es, als „Apostel Karantaniens" mit entsprechender Härte den slawischen Widerstand zu brechen und die Slawen mit unmenschlich angewandten Bekehrungsmethoden, wie es in der

„Bekehrungsgeschichte der Bayern und Karantanen“ des späteren Erzbischofs Adalwin heißt, zu zwangsmissionierten Christen zu machen. Durch die tatkräftige Unterstützung des Bayernherzogs Tassilo gelang es dann Virgil auch in seiner Funktion als Bischof, Salzburg zur kirchlichen Metropole Bayerns zu machen, obwohl Bonifatius, der von einer frommen Nachwelt den Titel eines „Apostels der Deutschen“ erhielt und seit 748 als Erzbischof von Mainz fungierte, versuchte, diesen Plan des Bayernherzogs zu hintertreiben. Er verklagte Bischof Virgil beim Papst in Rom wegen dessen ketzerischer „Antipodenlehre“, mit der Virgil unter dem Pseudonym „Aethicus Ister“ eine fabulöse Kosmographie vertrat, wonach dic Erdc cine Kugel sei, auf deren gegenüberliegenden Seite ebenfalls Menschen wohnen sollten. Der als besonders klug geltende Papst Zacharias wies jedoch diese Klage zurück, sodass Bischof Virgil fortan unbehindert die entscheidenden Voraussetzungen für die kommende Blütezeit des Hochstiftes und für die bald anbrechende tausendjährige Herrschaft geistlicher Fürsten über das Erzbistum Salzburg schaffen konnte.

# DIE ZEIT DER KAROLINGER (768–928)

Zum besseren Verständnis der sich anbahnenden engen Bindung der römischen Kirche an das fränkische Königshaus und die damit im Zusammenhang stehende bevorzugte Stellung des ersten Salzburger Erzbischofs mit dem mächtigsten König der Franken, Karl den Großen, muss man sich den historischen Werdegang der Karolinger in Erinnerung rufen.

Unter der Merowinger Dynastie überließen die Könige der Franken ihre Hofhaltung und die Oberaufsicht über ihre Güter einem so genannten „Majordomus", dessen erster Vertreter Pippin der Ältere war. Mit der zunehmenden Schwächung des Königshauses ging immer mehr Macht auf ihn über, sodass seine Nachkommen schließlich über ganz Gallien die Herrschaft übernehmen konnten. Im Jahr 751 schickte deshalb der Majordomus Pippin III. (751–768) Abgesandte zu dem bereits erwähnten Papst Zacharias (741–752) mit der Frage, „ob es sündhaft sei, die merowingische Puppe zu entthronen und sich selbst zum König zu machen". Zacharias, der die Unterstützung des mächtigen Stammes der Franken gegen die ehrgeizigen Langobarden in Oberitalien dringend benötigte, antwortete deshalb mit einem beruhigenden Nein, wodurch er den Gang der europäischen Geschichte in eine entscheidende Richtung wies. Die Richtigkeit dieses politisch folgenschweren Schrittes sollte sich schon sehr bald zeigen. Der nachfolgende Papst Stephan II. erkannte die Unfähigkeit des byzantinischen Kaisers, ihn und die päpstlichen Ländereien in Italien vor den Angriffen der Langobarden zu schützen. Um die Einnahme Roms und damit die Degradierung des Papsttums zu einem örtlichen, von Langobardenkönigen beherrschten Bistum zu vereiteln, wandte sich der Papst an die Franken, um ihre Hilfe zu erbitten. Pippin unterwarf die Langobarden und bereicherte damit zugleich das Papsttum um die so genannte „Pippinische Schenkung". Diese Urkunde war im Grunde nichts anderes als eine Besitzgarantie des Frankenkönigs für die dem Papst von den Langobarden entrissenen Gebiete, die ihm Pippin unter Einsatz seiner Kriegsmacht wieder zurückgab. Als Gegenleistung dafür salbte Papst Stephan II., der zu diesem Zweck

Empfang des an den fränkischen Hof geflohenen Papstes Leo III.
durch Karl den Großen im Jahre 799

persönlich an den Hof des fränkischen Königs nach St. Denis reiste, den König in der dortigen Krönungskathedrale, womit er ihm und seinen Söhnen gleichzeitig die Würde eines „Patricius Romanorum", das ursprüngliche Prädikat des Exarchen von Ravenna und des byzantinischen Statthalters in Rom, übertrug. In diesem Titel ohne Amtsbefugnis erblickten seither die Franken einen Auftrag zur Schutzherrschaft über Rom und alle Besitzungen des Papstes.

Beim Zustandekommen dieser „Pippinischen Schenkung" muss man dem fränkischen König einräumen, dass er damals von der Echtheit der ihr zugrunde liegenden, berüchtigten so genannten „Konstantinischen Schenkung" überzeugt war. In ihr wurde festgehalten, dass Kaiser Konstantin der Große im Jahr 315 aus Dankbarkeit für die unter Mithilfe der Gebete des Papstes Sylvester I. wiedergewonnene Gesundheit nach schwerer Krankheit dem Papst in Rom den Vorrang vor allen Patriarchen gab und ihm den Landbesitz von ganz Italien und aller westlichen Länder geschenkt habe. Dass diese Urkunde eine gigantische, in Rom im 8. Jahrhundert fabrizierte Fälschung war, wurde erst im 15. Jahrhundert von Lorenzo de Valla aufgedeckt. Pippin konnte dies nicht wissen, weshalb es ihm nach seiner Vertreibung der Langobarden nur recht und billig schien, dem Papst all jene Länder, die ihm laut „Konstantinischer Schenkung“ ohnehin schon seit Jahrhunderten gehörten, zurück zu geben. Der glänzenden Diplomatie Roms war es jedenfalls auf diese Weise gelungen, mit der „Pippinischen Schenkung“ die weltliche Macht der Päpste zu gründen. Mit der Salbung Pippins zum „König von Gottes Gnaden“ durch Papst Stephan II. (752–757) wiederum endete im Jahr 754 die Merowinger-Dynastie und die karolingische nahm ihren Anfang. Alle späteren Errungenschaften Karls des Großen bis zur Umformung Galliens zu Frankreich wurden so von Pippin vorbereitet.

Im Jahr 771 wurde der bedeutendste mittelalterliche König, der Sohn des verstorbenen Pippin, mit 29 Jahren zum König der Franken gewählt. Ihm, der als Karl der Große (768–814) in die Geschichte einging, war es gelungen, alle Völker zwischen Weichsel und dem Atlantik und zwischen der Ostsee und den Pyrenäen und schließlich sogar fast ganz Italien unter seine Herrschaft zu bringen. Es dauerte nur zwei Jahre, bis auch ihn, so wie seinen Vater, ein Hilferuf aus Rom erreichte. Der Langobardenkönig Desiderius war neuerlich in das päpstliche Staatsgebiet eingefallen und versetzte Papst Hadrian I. (772–795) in arge Bedrängnis. Der König erschien, eroberte die langobardische Hauptstadt Pavia und eignete sich die Krone des Langobardenreiches an. Nach feierlicher Bestätigung der „Pippinischen Schenkung“ übernahm nun er die Rolle eines Beschützers der Kirche in ihrer ganzen weltlichen Macht.

Karl der Große erwies sich der Kirche gegenüber als sehr freigebig. Er behandelte die Bischöfe, die im Staatsdienst eine große Rolle spielten, zwar ehrerbietig, sah sie aber im Grunde als seine, ihm von Gott gegebenen Werkzeuge an. Einer dieser Bischöfe, mit dem er später fast freundschaftliche Bande knüpfte, war der noch vom Bayernherzog Tassilo im Jahr 785 eingesetzte Nachfolger Virgils in Salzburg, der aus dem fränkischen Kloster St. Armand stammende Abt Arn (798–812). Man nimmt heute an, dass bei dieser Neubesetzung der Diözese Salzburg als eigentlicher Vermittler der Angelsachse Alkuin fungierte, der als einer der gelehrtesten Männer seiner Zeit galt und als Lehrer König Karls diesen beim Aufbau der so genannten „karolingischen Renaissance“ tatkräftig unterstützte. Zwischen dem Gelehrten Alkuin und dem wesentlich jüngeren und geistig weit unterlegenen Arn entwickelte sich sehr bald eine tiefe freundschaftliche Beziehung. Wie man den Briefen Alkuins entnehmen kann, beriet er seinen Schützling väterlich in allen weltlichen und theologischen Fragen.

König Karl fielen schon sehr bald das ungewöhnliche Organisationstalent, die rasche Auffassungsgabe und vor allem die beneidenswerte Weitsicht in politischen Dingen auf, die der neue Salzburger Bischof an den Tag legte und die den König bewogen, ihn in Zukunft auch in weltlichen Belangen als gewandten Diplomaten von höchster Stelle zur Lösung heikler politischer Probleme bevorzugt heranzuziehen. Im Reich Karls des Großen wurde ja die gesamte Amtsführung von „Königsboten" beaufsichtigt, die ausgeschickt wurden, den Verwaltungsbeamten seine Wünsche zu überbringen, ihre Handlungen zu überwachen und Übelstände abzustellen. In einer solchen Funktion hatte Bischof Arn seine erste Probe bereits glänzend bestanden, indem es ihm gelang, während eines Feldzuges gegen die in Bayern eingefallenen Awaren den Konflikt auf diplomatischem Weg zu schlichten. Wenn König Karl trotzdem mit dem Ausgang seines „Kreuzzuges gegen die Awaren" unzufrieden war, dann deshalb, weil der Feind rechtzeitig vor den herannahenden Truppen des Königs geflohen war und seine Verteidigungsanlagen verlassen hatte, sodass seine Soldaten statt der erhofften reichen Beute nur armselige Hütten der dort angesiedelten slawischen Bauern antrafen.

Wesentlich erfolgreicher erwies sich für Bischof Arn der ihm Jahre später vom König erteilte ehrenvolle Auftrag, als Wortführer einer Gruppe von insgesamt zwölf ernannten Königsboten zu fungieren, die im Jahr 798 zum Schutz des in Schwierigkeiten geratenen Papstes Leo III. (795–816) nach Rom entsandt wurden. Der römische Adel, vom damaligen päpstlichen Geschichtsschreiber als „verruchte Söhne des Teufels" bezeichnet, warf dem soeben inthronisierten Inhaber des Stuhles Petri seinen fragwürdigen, durch Bestechung und Ehebruch gekennzeichneten Lebenswandel vor, weshalb man gegen ihn ein Mordkomplott plante. Mit Berufung auf jenes verbriefte Schutzversprechen für Rom und die Besitzungen des Papstes bat deshalb Leo III. den mit der Würde eines „Patricius Romanorum" ausgezeichneten mächtigen König der Franken um Hilfe, die der König nicht verweigern konnte. Nachdem durch eine erfolgreiche militärische Intervention die Ruhe wiederhergestellt worden war, hatten die entsandten Königsboten von höchster Stelle den Auftrag, dem Papst mitzuteilen, dass der Frankenkönig als Gegenleistung vom Papst erwarte, für Bayern eine Metropolitanverfassung zu erlassen und den die gegenwärtige Delegation leitenden Bischof Arn zum Erzbischof und Metropolit der bayerischen Kirchenprovinz zu erheben. Diesem Wunsch kam Leo III. umgehend nach, indem er Arn als sichtbares Zeichen seiner neuen Würde das Pallium überreichte. So konnte nach dem Eintreffen in Salzburg der nunmehrige Erzbischof und Metropolit der gesamten Ostmission die neu entstehenden Marken mit den alten bayerischen Bistümern zu einer ausgedehnten Erzdiözese verbinden.

Angesichts der vielen Probleme in der Reichspolitik, die in der Folge auf ihn zukamen, sah Arn sich bald aus Zeitgründen nicht mehr in der Lage, gleichzeitig die Missionsaufgaben im Slawengebiet wahrzunehmen, weshalb er den König ersuchte, für die kirchlichen und missionarischen Belange einen ständigen Vertreter zu bestellen, was von höchster Stelle durch die sofortige Einstellung eines Chorbischofs für das Salzburger Missionsgebiet bewilligt wurde. Wie sinnvoll diese Regelung war, sollte sich schon im kommenden Frühjahr 799 erweisen. Zu diesem Zeitpunkt eskalierte nämlich der neuerlich entflammte Widerstand gegen den Papst in gefährlicher Weise. Wie der päpstliche Geschichtsschreiber berichtet, riss die aufgebrachte Menge den Papst während einer vom Lateran zur Peterskirche stattgefundenen Bittprozession brutal vom Pferd und schickte sich an, dem bereits am Boden liegenden Papst die Augen auszustechen und die Zunge herauszureißen. Nur knapp dem Tod entronnen, gelang es dem schwer Verletzten mit Hilfe seines treuen Kämmerers Albinus, aus der Stadt zu fliehen und sich unter dem Schutz zweier Gesandter nach Spoleto zu begeben. Von diesem grausigen Geschehen in Kenntnis gesetzt, befahl König Karl, den Papst unverzüglich nach Paderborn an den königlichen Hof zu geleiten. Im Herbst dieses Jahres wurde beschlossen, Leo III. in Begleitung von zehn hochgestellten geistlichen und weltlichen Würdenträgern nach Rom zurückzubringen. In diesem Geleitzug nahm Erzbischof Arn wieder eine bevorzugte Stellung ein. In Rom angekommen, wurde noch vor Jahresende im Speisesaal des päpstlichen Palastes eine strenge Untersuchung der gegen das kirchliche Oberhaupt erhobenen Anklage in die Wege geleitet, dessen Ergebnis uns leider nicht im Detail überliefert wurde. Wir wissen nur, dass es bei dieser peinlichen Prozedur zu keiner Verurteilung wegen der dem Beschuldigten vorgeworfenen Vergehen kam. Zur Überraschung vieler Anwesender einigte man sich nämlich schließlich darin, dem Papst die Möglichkeit zu geben, sich durch Leistung eines so genannten Reinigungseides rehabilitieren zu können, während drei seiner maßgeblichen Ankläger zunächst zum Tode, später jedoch zu lebenslanger Haft verurteilt wurden. Der hochgelehrte Theologe Alkuin am Hofe des Königs zeigte sich vom eigenartigen Ausgang dieses Gerichtsverfahrens nicht überrascht. Er gab zu verstehen, dass nämlich ein gerichtliches Verfahren gegen einen Papst a priori gar nicht möglich wäre, da auf Grund eines auf Papst Symmachus zurückgehenden, wie wir heute wissen gefälschten, Dekretes der Apostolische Stuhl selbst oberster Richter sei und deshalb niemals gerichtet werden könne. Als Beispiel diente der später sogar heiliggesprochene Papst Symmachus (498–514), der vor der so genannten „Palmensynode" wegen eines langen Sündenregisters angeklagt wurde, das von Völlerei über Verschleuderung von Kirchengut bis zur Unzucht mit mehreren „miraculae", also Dirnen, reichte. Unter letzteren, so wird uns berichtet, befand sich auch jene römische Bäckersfrau, die unter dem Spitznamen „conditaria" in der Stadt einen besonderen Bekanntheitsgrad besaß. Diesem Papst gelang es, seinen Kopf aus der Schlinge zu ziehen, indem er sich auf die frei erfundene Immunität jedes Papstes berief.

Diese Schutzbehauptung legitimierte er mit einer Reihe von angeblichen Präzedenzfällen in der Vergangenheit, die er urkundlich in einer eigens dafür eingerichteten Fälscherwerkstätte im Lateran zwar plump, aber damals für seine Zwecke offensichtlich tauglich, fabrizieren ließ. Da diese gefälschten Dokumente später sogar in die päpstliche Judikatur eingingen, bedeutete die nun legitimierte, wenn auch frei erfundene, Immunität eines Papstes, dass dieser in aller Zukunft von keinem Menschen mehr gerichtet werden dürfe – so wie der gelehrte Alkuin dies später auch interpretierte. Für ihn war es deshalb nicht überraschend, dass man sich zur Rehabilitierung von Papst Leo III. damit begnügte, dass er unter Anwesenheit Erzbischof Arns am 23. Dezember 800 auf der Kanzel der Peterskirche in Rom jenen Reinigungseid schwor.

Die alte Basilika von St. Peter nach einem Fresko aus dem 16. Jahrhundert.
Hier fand die Krönung von Karl dem Großen und Otto dem Großen statt.

Doch nun wurde der Salzburger Erzbischof Zeuge einer diplomatischen Meisterleistung des Papstes, die weltgeschichtlich in ihrer Auswirkung auf das Verhältnis zwischen Kirche und Staat während der folgenden Jahrhunderte kaum zu überbieten war. Als nämlich Karl der Große, der bereits am 24. November dieses Jahres 800 in der antiken Hauptstadt prächtigen Einzug hielt, am Weihnachtstag, im Überwurf und den Sandalen des „Patricius Romanus“, vor dem Altar der Peterskirche im Gebet kniete, holte Leo plötzlich eine edelsteingeschmückte Krone hervor, um sie dem angeblich völlig überraschten Monarchen aufs Haupt zu setzen. Das kaiserliche Haupt wurde mit heiligem Öl gesalbt und der Papst warf sich als Geste der Huldigung vor dem neugeborenen Kaiser und Augustus auf die Knie. Damit wurde eine der glänzendsten Ideen der Geschichte der Staatskunst verwirklicht, nämlich die Umwandlung von Karls Königreich in das Heilige Römische Reich, hinter dem die ganze Ehrwürdigkeit und Heiligkeit sowohl des kaiserlichen wie des päpstlichen Roms standen. Für das Papsttum wurde ein schon länger gehegter Traum erfüllt, denn es war längst seiner territorialen Abhängigkeit von Byzanz überdrüssig, das ihm weder Schutz noch Sicherheit gewährte und durch die Abhängigkeit vom Kaiser in Konstantinopel seine eigene Freiheit mehr und mehr gefährdete. Wir wissen nicht, von wem die Initiative ausging, Karl vom Papst zum römischen Kaiser krönen zu lassen. Vielleicht waren es kluge Ratgeber am päpstlichen Hof, vielleicht waren es Personen in der Umgebung König Karls wie etwa sein engster Berater Alkuin, von dem man weiß, dass er zumindest von einer solchen Möglichkeit gesprochen hat und Details bereits in Paderborn erörtert haben könnte.

Für Karl den Großen war jedenfalls die von der regulären Prozedur abweichende Zeremonie einer Krönung zum Kaiser aus der Hand des Papstes überraschend. Einhard, der Biograph und engste Vertraute König Karls, berichtet nämlich, der König habe ihm damals gesagt, dass er die Kirche nicht betreten hätte, falls er von Leos Absicht, ihn zu krönen, gewusst hätte. Habe der Papst doch mit diesem Geniestreich den Anspruch auf eine Macht angemeldet, mit der jeder künftige Inhaber des Stuhles Petri über die mächtigsten weltlichen Herrscher triumphieren konnte. Hatte die Reise Karls nach Rom ursprünglich den Zweck, Papst Leo III., also einen in Bedrängnis geratenen Untertanen, reinzuwaschen, so wurde er nun als Empfänger durch dessen Segen von einem Vasallen erhöht. Von dem bei dieser Krönung anwesenden Salzburger Erzbischof wurden zweifellos solche Überlegungen nicht angestellt. Er dürfte frohgestimmt und tief beeindruckt nach Hause zurückgekehrt sein mit dem stolzen Gefühl, Zeuge für den Beginn des so genannten tausendjährigen Heiligen Römischen Reiches Deutscher Nation geworden zu sein, das an jenem Weihnachtstag des Jahres 800 eingeläutet wurde. Ob er sich darüber klar war, welche Auswirkung die erlebte Krönung in ihren Folgen über ein ganzes Jahrtausend haben wird, bleibe dahingestellt. Klar war ihm sicher, dass sie die Macht der Päpste und Bischöfe erheblich stärkte, da sie die Autorität des Staates von deren Übertragung durch die Kirche abhängig machte.

Für Kaiser Karl den Großen blieb der Salzburger Erzbischof auch weiterhin eine unentbehrliche Stütze. Arn wurde noch im November 801 verpflichtet, an einer vom Kaiser in seiner Pfalz in

Krönung Karls des Großen zum Kaiser durch Papst Leo III. zu Weihnachten des Jahres 800 in der Peterskirche zu Rom.

Aachen einberufenen Synode teilzunehmen, und das gleiche galt für den ebendort stattgefundenen Reichstag, an dem er sich einzufinden hatte. Durch ähnliche Verpflichtungen kam Erzbischof Arn nur selten in seine Metropole, da er in den folgenden fünf Jahren immer wieder als königlicher Bote zur Schlichtung gerichtlicher Entscheidungen eingesetzt wurde oder als Berater bei der Reorganisation wichtiger Reichsinstitutionen fungieren musste. Zuletzt entwickelte sich zwischen dem Erzbischof und dem Kaiser ein so inniges Einvernehmen, dass sich Karl der Große im Oktober des Jahres 803 sogar persönlich nach Salzburg begab, um seinem so geschätzten Mitarbeiter die Grenzen des der Salzburger Kirche zugeteilten Missionsgebietes zu bestätigen.

Ende Februar 815 begab sich der Erzbischof nochmals in die Pfalz nach Aachen, um den Königsschutz und die der Salzburger Kirche gewährte Immunität bestätigen zu lassen. Dies war das letzte persönliche Zusammentreffen mit dem Kaiser. Einige Jahre nach dem Tod seines väterlichen Freundes Alkuin zog sich Arn aus der großen Politik, die häufig mit ausgedehnten, anstrengenden Reisen verbunden war, zurück, um schließlich im Jahr 821 im Alter von achtzig Jahren sein ereignisreiches Leben als Diplomat des Kaisers zu beschließen.

Als Karl der Große im zweiundsiebzigsten Lebensjahr im Jahr 814 starb, war sein Reich erheblich größer als das byzantinische. Weil er ähnlich wie seinerzeit der römische Kaiser Diokletian voraussah, dass sein allzu ausgedehntes Reich eine schnelle Verteidigungsbereitschaft an vielen Orten zugleich erforderte, teilte er es schon zu seinen Lebzeiten unter seine drei Söhne auf, von denen nur Ludwig am Leben blieb. Doch der war in seiner übertriebenen Frömmigkeit so befangen, dass er zum Regieren wenig geeignet schien. Trotzdem wurde er vom Rang eines Königs in einer feierlichen Zeremonie in den Kaiserrang erhoben. Von Priestern erzogen, galt seine Sorge vornehmlich der Einhaltung der benediktinischen Ordensregel. Es überrascht deshalb nicht, dass die diplomatischen Dienste sowie die unter Arn so rege beratende Tätigkeit am kaiserlichen Hof Karls des Großen mit dessen Tod ihr Ende fanden und mit seinem Nachfolger Ludwig „dem Frommen“ (814–840) keine persönliche Verbindung mit Salzburg mehr zustandekam. Dem fränkischen Brauch folgend, teilte Ludwig sein Reich unter seinen Söhnen auf, die sich gebietsmäßig im Vertrag von Verdun darauf einigten, dass einer der Ihren, Ludwig der Deutsche (843–876), zum ersten König von Deutschland ausgewählt wurde.

Unter der Regierung König Ludwig des Deutschen wurde nun auch der Salzburger Erzbischof Adalwin (859–873) wieder in weltliche, außenpolitische Konflikte hineingezogen. Diesmal ging es um den Aufstieg des Großmährischen Reiches, das um das Jahr 830 von Fürst Moimir gegründet wurde und unter fränkischer Tributhoheit stand. Böhmen, die Awaren und die im Osten Bayerns angesiedelten Slawen unterstanden aber damals König Ludwig dem Deutschen, der auch Bayern als Teilkönigreich des Frankenreiches regierte. Der von dort aus betriebenen ostfränkischen Missionierung standen jedoch die Herzöge und Fürsten im neugeschaffenen Großmährischen Reich, die nach größerer Unabhängigkeit von den Franken strebten, ablehnend gegenüber. Dieses oppositionelle Verhalten nahm König Ludwig zum Anlass, an die Stelle des unbotmäßigen Moimir den seiner Meinung nach freundlicher gesinnten Herzog Rastislaw einzusetzen. Doch dieser dachte nicht im Entferntesten daran, die bisherige Haltung seines Onkels Moimir zu ändern. Im Gegenteil. Nur verfolgte er dessen politische Ziele mit größerem diplomatischen Geschick weiter mit dem beabsichtigten Ziel, das mährische Reich allmählich überhaupt aus der fränkischen Abhängigkeit herauszulösen. Der entscheidende Schritt, um dies zu erreichen, war für Rastislaw der Ruf nach Entsendung byzantinischer Mönche nach Mähren, um damit ein Gegengewicht zur fränkischen Missionierung zu schaffen und den Aufbau einer slawischen Nationalkirche zu ermöglichen. Rastislaw bat zu diesem Zweck Byzanz um monastischen und politischen Beistand, der vom oströmischen Kaiser Michael bereitwilligst zugestanden wurde, in der Hoffnung, bei dieser Gelegenheit den Einflussbereich von Byzanz in Richtung Mitteleuropa ausdehnen zu können. Um eventuell gefährliche Spannungen mit Ludwig dem Deutschen zu vermeiden, betraute Kaiser Michael mit dieser heiklen Aufgabe keinen Bischof, der eine byzantinische Kirchenprovinz errichten hätte können, sondern zwei fromme Brüder – Konstantin, der sich später Cyrill nannte, und Method, die beide Slawisch sprachen, da sie in Saloniki aufgewachsen waren. Sie wurden in Mähren gut aufgenommen und stellten fest, dass die Slawen noch kein Alphabet besaßen, um ihrer Sprache in der Schrift vollständigen Ausdruck zu geben. Cyrill erfand daraufhin die slawische Schrift mit dem slawischen Alphabet und den dazu notwendigen eigenen Schriftzeichen. Mit dieser Schreibweise, der so genannten „Glagolica“, die später zur heutigen „kyrillischen“ Schrift ausgearbeitet wurde, übersetzten sie dann die Bibel in die Muttersprache der Bevölkerung. Entsetzt mussten die aus Salzburg vom Erzbischof nach Mähren entsandten Erzpriester feststellen, dass die neuen oströmischen Glaubensbrüder bei der Bevölkerung großen Zulauf erfuhren, wie wir von einem für die pannonische Mission zuständigen Priester aus Salzburg erfahren. Nach seinen Worten „hielt seine segensreiche

Die Heiligen Cyrill und Method

Tätigkeit so lange an, bis ein Grieche namens Methodius mit neu ersonnenen slawischen Buchstaben die lateinische Sprache und die römische Lehre sowie die offizielle lateinische Schrift auf Sophistenart untergrub und dem gesamten Volk die Messen und Evangelien derer, die sie lateinisch feierten, verächtlich machte".

In dieser angespannten Situation musste sich König Ludwig der Deutsche nach einflussreichen Partnern umsehen, unter denen dem Salzburger Erzbischof als zuständiger Missionar in Pannonien besonderes Gewicht zukam. Der König konnte zwar durch kriegerische Unterwerfung Rastislaws die Bemühungen der unter Adalwins Leitung stehenden bayerischen Missionare in Mähren noch einmal verstärken, doch konnte auch damit nichts mehr am zunehmenden Erfolg der beiden byzantinischen Brüder geändert werden. Der Kampf um die Slawen erreichte längst eine Dimension, die zwischen dem griechischen und dem römischen Christentum ausgetragen werden musste, und in diesen entbrannten Richtstreit musste wohl oder übel auch der Papst Hadrian II. (867–872) in Rom eingreifen. Zur größten Enttäuschung Adalwins traf dieser eine Entscheidung, die eindeutig zugunsten der byzantinischen Brüder ausfiel. Nicht nur, dass er Method nach Rom einlud und dort zum Apostolischen Legaten für die Missionierung der slawischen Völker ernannte, sondern dass er ihn kurze Zeit später sogar zum Erzbischof von Pannonien weihte, empörte den Salzburger Metropoliten zutiefst. Er war entschlossen, diesem Versuch des Papstes, gegen den Widerstand des Salzburger Erzbischofs eine slawische Kirchenprovinz gründen zu wollen, vehement entgegen zu treten. Aus Sorge um den Bestand seines Erzbistums ignorierte Adalwin in Übereinstimmung mit dem gesamten bayerischen Episkopat die vom Heiligen Stuhl verliehene Würde Methods als Legat und als Erzbischof, indem man ihm vorwarf, in Pannonien, einem fremden Kirchensprengel, unbefugt geistliche Handlungen vorzunehmen. Adalwin gab deshalb den Befehl, seinen Glaubensbruder, dessen Weg aus Rom nach Mähren durch Salzburg führen musste, beim Betreten des erzbischöflichen Territoriums unverzüglich festzunehmen und ihn in das Gefängnis nach Regensburg zu werfen. Gleichzeitig ordnete er zur Unterbindung des byzantinischen Einflusses in Mähren die sofortige Abschiebung der dort bereits tätigen slawischen Priester über die Grenze nach Bulgarien an.

Auf diese Weise wurde Erzbischof Adalwin der eigentliche Initiator für die Spaltung der katholischen Kirche im slawischen Sprachraum in einen nach Rom orientierten westlichen und einen nach Byzanz ausgerichteten östlichen Teil, der später sein Zentrum nach Kiew und nach der Eroberung von Konstantinopel 1453 durch die Osmanen schließlich nach Moskau verlagerte.

Obwohl Method unter Berufung auf den Papst gegen seine Gefangennahme heftig protestierte, wurde er zu einer zweieinhalbjährigen Haft in einem schwäbischen Kloster verurteilt. Unverständlicherweise intervenierte Papst Hadrian II. nicht zugunsten seines von ihm ernannten Legaten. Erst sein Nachfolger, Papst Johannes VIII. (872–882), rügte das brutale Vorgehen des Salzburger Erzbischofs und dessen gröblichste Verletzung der Würde seines Mitbruders Method auf das Schärfste. Adalwin erhielt aus Rom die strenge Aufforderung, Method unverzüglich aus seiner Haft zu entlassen und ihn wieder als Erzbischof von Pannonien einzusetzen. Wir wissen nicht, wie weit Adalwin dieser Aufforderung des Papstes nachzukommen gedachte, da er vorzeitig verstarb.

Als 876 Herzog Arnulf von Kärnten (850-899) als letzter zum Kaiser gekrönter Karolinger die Regierung in Ostfranken übernahm, zeichnete sich schon spürbar der Zerfall des Großmährischen Reiches durch die Unterwerfung unter sein kaiserliches Zepter ab. Zankapfel blieb jedoch weiterhin die stete Auseinandersetzung zwischen den geistlichen Würdenträgern von Bayern und Mähren in der Frage um deren zugehörige Kirchensprengel. Dieser Streit eskalierte, als Papst Johannes IX. (898–900) ohne Rücksprache mit dem neugewählten Erzbischof Theotmar (874-907) von Salzburg einen eigenen Metropoliten in Mähren einsetzen ließ. Theotmar wies voll Erbitterung den Papst darauf hin, dass Mähren bisher unangefochten zum Sprengel des Bistums Passau gehörte, weshalb durch die Weihe eines Erzbischofs für Mähren der zu Salzburg gehörende Passauer Sprengel in unzumutbarer Weise zersplittert würde. Er drängte deshalb den Heiligen Vater zur Rücknahme seines Planes und bat zur Unterstützung seiner gerechten Beschwerde Kaiser Arnulf, der Theotmar zum Erzkanzler und Erzkaplan berufen hatte, in dieser Streitsache als Schiedsrichter zu fungieren. Diese kleinlichen Haarspaltereien zwischen Bayern und Mähren erachtete allerdings der Kaiser für zu unbedeutend, um sich deshalb mit dem Papst anzulegen. Denn schon bahnte sich drohend eine überaus ernste Katastrophe aus dem Osten an. Es waren die Magyaren, wilde ungarische Reiterhorden, die mordend und brandschatzend in Pannonien einfielen und bereits bis in die Gegend von Linz vordrangen. Zunächst war es Kaiser Arnulf selbst, der in seinem glücklosen Kampf gegen den mächtigen Fürsten Swatopluk, den Herrscher über das slawische Großreich in Mähren und der Theißebene, die ungarischen Reiterscharen um Hilfe rief, um den Gegner im Rücken zu fassen. Durch diesen schlauen Versuch, die Kampflust dieses gefährlichen Verbündeten auf Großmähren abzulenken, blieben zunächst fürs Erste die bayerisch verwalteten Landstriche vor ihren Verwüstungen noch verschont. Nach Arnulfs Tod vermochte sein hilfloser, unmündiger Nachfolger Ludwig „das Kind" die eingetretene Verwirrung nicht zu meistern. Die Magyaren begannen in kecken Raubzügen die umliegenden Länder des ostfränkischen Reiches heimzusuchen, wobei sie nun auch in die bisher verschonten bayerischen Bezirke eindrangen. Als wenige Jahre später auch noch das Großmährische Reich unter dem Ansturm der „Söhne Arpads" zerbrach, sah man sich gezwungen, massiv einzuschreiten. Die ostfränkischen Großen beschlossen deshalb, sich von der inzwischen völlig degenerierten karolingischen Dynastie abzuwenden und Herzog Konrad von Franken (911) zum König des ostfränkischen Reiches zu erheben. Gemeinsam mit den weltlichen Streitkräften – den Herzögen von Sachsen, Lothringen, Schwaben und Bayern – vereinigten sich unter der Führung des Markgrafen Luitpold von Bayern nun auch die bayerischen Bischöfe mit ihren Aufgeboten unter der Führung ihres todesmutigen Salzburger Metropoliten Theotmar. Da nämlich die Kirche als Lehensträgerin riesige Besitzungen vom König als Lehen zugewiesen bekam, musste sie ihm den Lehenseid schwören, so wie die anderen Lehenspflichtigen, weshalb sie auch Titel wie Graf oder Fürst trugen. Als solche hatten sie die Verpflichtung, im Notfall militärische Dienste zu leisten, sodass damals Bischöfe und Äbte mit Panzer und Lanze ein häufiger Anblick waren. Auch Erzbischof Theotmar von Salzburg führte in der Funktion eines Reichsfürsten deshalb sein Kontingent in voller Ritterrüstung zu Pferde an. Diese rasch aufgebaute Streitmacht hatte jedoch der Kampftaktik der asiatischen Reiter mit ihren blitzschnellen Attacken nichts Gleichwertiges entgegen zu stellen. In der verlustreichen Schlacht bei Pressburg (907) gegen die Ungarn büßten sowohl Markgraf Luitpold wie auch der tapfere Theotmar ihr Leben ein. Dieser herbe Verlust hatte für das Erzbistum Salzburg insofern noch schlimme Folgen, als es auf diese Weise mit einem Schlag auch den größten Teil seines slawischen Missionsgebietes einschließlich der dort befindlichen Besitzungen verlor.

## DIE ZEIT DER OTTONEN (919–1024)

Nicht der eher schwache und hilflose Franke König Konrad I., sondern erst der harte und selbstbewusste Herzog von Sachsen, der 919 als Heinrich I. (919–936) zum König gewählt wurde, vermochte es, gegen die gefürchteten Magyaren aufzukommen. Nach der erfolgreichen Schlacht bei Riade an der Unstrut im Jahr 933 bereitete er den Magyaren eine empfindliche Niederlage und als kluger Politiker schien er im Begriffe zu stehen, auch im Inneren die Machtstellung des Königs beträchtlich zu erhöhen. Doch schon drei Jahre später raffte ihn ein Schlaganfall dahin. Sein Sohn, der in Aachen als Otto I. (936–973) zum neuen deutschen König gewählt wurde, sollte die Pläne seines Vaters in großartiger Weise verwirklichen.

Als das sächsische Haus der Ottonen die Herrschaft im Deutschen Reich übernahm, war das ostfränkische Reich keineswegs so geeint, wie dies die national gefärbte Geschichtsschreibung so gerne darzustellen beliebt. Die Stammesherzöge boten zwar durch ihr geeintes Auftreten bei der erfolgreichen Niederwerfung der Magyaren den Eindruck, für die Zukunft des Königreiches gemeinsam die Verantwortung übernehmen zu wollen. Diese trügerische Eintracht löste sich jedoch in dem Augenblick auf, als es den Stammesherzögen klar wurde, dass Otto seine neue Würde mit höchsten Ansprüchen übernahm und keinen Zweifel aufkommen ließ, dass er seine königliche Gewalt auf Kosten der partikulären Interessen der Herzöge zu festigen beabsichtigte. Für Otto war es offensichtlich klar, dass ein solches innenpolitisches Programm nur dann realisierbar sein konnte, wenn er als Gegengewicht zu den weltlichen Mächten in seinem Reich seine Staatsmacht gleichzeitig bei einer entsprechend gestärkten Reichskirche zu verankern vermochte. Mit einer solchen Reichskirchenpolitik verfolgte er klar erkennbar das Ziel, sich in Zukunft hauptsächlich auf den Episkopat zu stützen, dessen Ernennung ja völlig in seiner Hand lag, um auf diese Weise weniger von den nach Erblichkeit strebenden Laiengewalten, also den Herzögen, abhängig zu sein. Von diesem Konzept überzeugt, schuf er zielstrebig leistungsfähige kirchliche Herrschaften durch Verleihung von Grundbesitz, Ausbau der Immunität durch Einsetzung von Kirchenvögten, welche die Gerichtsbarkeit ausüben sollten, sowie durch Verleihung von Hoheitsrechten und ganzen Grafschaften an Bischöfe. Als Gegenleistung erwartete er von einer solchen Reichskirche im Bedarfsfall ihren großzügigen militärischen und finanziellen Beistand.

Einer dieser privilegierten geistlichen höchsten Würdenträger wurde Herold (939–958) aus der Familie der Luitpoldinger, den der König zum neuen Erzbischof von Salzburg und zum Metropoliten der bayerischen Landeskirche einsetzte. Herold kam dadurch ähnlich wie seinerzeit Arn in engsten Kontakt zum König, der als dessen Erzkaplan die Vorteile der neu strukturierten Reichskirche für sich in Anspruch nehmen durfte. Die verliehene Immunität seiner Position bedeutete für alle seine Untertanen eine Befreiung vom Grafenbann und vom Grafengericht, da sie nun allein der Gewalt des regierenden Erzbischofs und seiner Vögte unterstanden. Zugleich stieg der Salzburger Erzbischof im Rahmen dieses neu geschaffenen ottonischen geistlichen Reichsbeamtentums zu einem geistlichen Reichsfürsten auf, der so wie die weltlichen Größen dieses höchsten Ranges ermächtigt war, Lehen zu vergeben und einen Dienstadel heranzuziehen, aus dem dann die königliche Streitmacht in Zeiten innerer Unruhen oder äußerer Bedrohung rekrutiert werden konnte.

Wie wichtig dieser politische Schachzug für die Stabilisierung seiner Macht war, sollte der König schon sehr bald erfahren. Gegen eine derart enge Bindung der geistlichen Reichsfürsten an den König begannen nämlich bald die weltlichen Fürsten zu rebellieren. Die harte Hand des Herrschers traf zunächst die Herzöge von Franken und von Lothringen, doch der Geist der Auflehnung ergriff wenig später auch Ottos eigenes Haus. Sein Bruder Heinrich schloss sich der Erhebung der beiden Herzöge an, doch es gelang dem König, diese Rebellion rasch mit Gewalt niederzuschlagen. Obwohl er seinem Bruder Heinrich verzieh und ihn zum Herzog von Bayern machte, folgte schon bald der Rebellion der Brüder jene der Söhne des Königs unter Führung seines Sohnes Luidolf, des Herzogs von Schwaben, und seines Schwiegersohnes Konrad „den Roten“, Herzog von Lothringen. Bei der blutigen Niederschlagung der verräterischen Verschwörer bewährte sich in diesem heiklen

Konflikt die unverbrüchliche Treue Herolds, des Fürsterzbischofs von Salzburg, indem dieser an der Spitze seines Truppenkontingentes herbeieilte und im Kampf nicht von Ottos Seite wich.

Als jedoch 954 die Magyaren von neuem mit einer Heerschar wilder Reiter plündernd und mordend einen gewaltigen Vorstoß nach Westen einleiteten, veranlasste die drohende Katastrophe den überwiegenden Teil der kurz zuvor noch rebellierenden Aufständischen, ihren Widerstand sofort zu beenden und in das Lager des Königs überzutreten. Nach einem rasch geschlossenen Waf-

Schlacht auf dem Lechfeld bei Augsburg am 10. August 955. König Otto I. besiegt die Magyaren.

fenstillstand zwischen Otto und den aufmüpfigen Rebellen marschierte, noch ehe die ungarischen Horden eingetroffen waren, ein aus mehreren deutschen Stämmen zusammengesetztes Heer unter dem persönlichen Kommando des Königs den Magyaren entgegen. In der berühmten Schlacht auf dem Lechfeld nahe Augsburg wurden im August 955 die Ungarn vernichtend geschlagen und auf ihrer Flucht fast vollständig aufgerieben. Dieser Sieg von wahrhaft abendländischer Bedeutung trug Otto den Beinamen „der Große" ein. Es ist heute noch ein Rätsel, warum sich der bisher so treu ergebene Salzburger Erzbischof Herold gerade in diesem Leben und Tod entscheidenden Augenblick, geeint gegen die furchtbare magyarische Bedrohung antreten zu müssen, von Otto dem Großen abwendete und in das verbliebene Lager der Königsgegner überwechselte. Wahrscheinlich zählte Herold damals bereits zu jenen innerhalb der Reichskirche allzu mächtig gewordenen und fest eingesessenen Vertretern der hohen Geistlichkeit, die als nunmehrige Reichsfürsten der starken Bevormundung durch den König überdrüssig wurden und aus rein opportunistischen Gründen bereit waren, gemeinsame Sache mit den aufständischen weltlichen Gewalten zu machen, gegen die sie eigentlich von Otto dem Großen angesetzt waren. Dann stand die königliche Autorität nämlich einem doppelten Partikularismus gegenüber, was für den König ein ernstes Problem hätte werden können.

Ottos herrschendem Geist, dem eine fromme, fast theokratisch fatalistische Grundrichtung zugrunde lag, entsprach sein persönliches Bedürfnis nach dem höchsten Herrschaftssymbol, nämlich der Kaiserkrone. Diesem Wunsch kam der Hilferuf des Papstes Johannes XII. (955–964) entgegen, Otto möge ihn in seiner Funktion als Schutzherr Roms vor der Bedrohung durch Berengar, den Lehenskönig Italiens, retten. Zum Dank für die erwiesene Hilfeleistung salbte ihn dann der wenig würdige jugendliche Papst zum deutschen Kaiser, womit jene Italienpolitik eingeleitet wurde, die der deutschen Kaiserzeit ihren Stempel aufgeprägt hat.

Die auf diese Weise gefestigte kaiserliche Machtstellung geriet jedoch unter seinem Sohn und Nachfolger Otto II. (973–983) gefährlich ins Wanken. Heinrich „der Zänker", der Sohn des verstorbenen Herzogs von Bayern, entfesselte nämlich eine gegen den jungen Kaiser gerichtete Verschwörung, die allerdings recht-

Otto der Große nach seiner Krönung zum Römischen Kaiser durch Papst Johannes XII. im Jahr 962 in Rom.

zeitig aufgedeckt und niedergeschlagen werden konnte. Da im Gefolge der gedemütigte Herzog Heinrich Amt und Würden abgeben musste, dies aber nicht akzeptieren wollte, kam es zu einem heftigen Aufbegehren gegen den blutjungen Kaiser, das in einen

Heinrich „der Zänker", Herzog von Bayern. Buchmalerei aus dem Jahre 990.

bewaffneten Konflikt ausartete. Während der entbrannten Kampfhandlungen geriet in der Schlacht bei Mühldorf der Salzburger Erzbischof Herold in die Hände des rachsüchtigen und für seine Grausamkeit bekannten Herzogs Heinrich, der die treulose, verräterische Rolle Herolds während der kriegerischen Auseinandersetzung zwischen Bayern und Otto dem Großen nicht vergessen konnte. Ohne zu zögern, ließ er den gefangen genommenen Erzbischof ohne vorausgehendes Gerichtsverfahren blenden und den so des Augenlichts Beraubten in die Verbannung schicken. Dass dieses harte Urteil nicht nur vom Kaiser, sondern auch von mehreren Bischöfen gebilligt wurde, erklärt Dopsch mit der im frühen Mittelalter herrschenden Rechtsauffassung: „Damals waren derart harte, mit Verstümmelung einhergehende Strafen nichts Ungewöhnliches, wobei es völlig gleichgültig war, ob es sich bei den so

Verurteilten um weltliche Größen oder um geistliche hohe Würdenträger handelte. Vorausgesetzt wurde stets nur, dass es sich bei den Delinquenten um schwere Vergehen, vor allem um Hochverrat oder Rebellion, handelte."

Erzbischof Herold sah als Kind seiner Zeit deshalb auch keine Veranlassung, sein Amt wegen des Verlustes seines Augenlichts als geistlicher Oberhirte von Salzburg zurückzulegen, auch dann nicht, als ihm der neu gewählte Erzbischof Friedrich (958–991) vor die Nase gesetzt wurde. In Salzburg sah man sich außer Stande, dieses „unbotmäßige Treiben" des erblindeten Herold abzustellen, weshalb man sich an den Heiligen Stuhl in Rom wandte. Dort herrschte zu jener Zeit zwar die dunkelste Periode des Papsttums, die man auch das Zeitalter der „Pornokratie im Vatikan" nennt. Ein zu den unwürdigsten Inhabern des Stuhles Petri zählender Repräsentant war damals der regierende Papst Johannes XII., der sein Pontifikat 955 durch massive Bestechung im Alter von erst sechzehn Jahren ergaunerte und wegen seines ausschweifenden, skandalösen Lebens und wegen zahlreicher Verbrechen bereits neun Jahre nach seiner Inthronisation vom Kaiser abgesetzt werden musste. Ausgerechnet dieser aufgeblasene, unreife und missratene Günstling einer verkommenen römischen Adelsclique beantwortete das Ersuchen aus der Salzburger Hofkanzlei mit der prompten Exkommunikation des halsstarrigen Herold: „Der einstige Salzburger Erzbischof habe im Gegensatz zum kanonischen Recht und zur Apostolischen Autorität (sic!) in frevelhafter Anmaßung nach dem Verlust seiner Augen die heilige Messe zelebriert. Das grenze an Ketzerei, zumal Herold aus eigener Schuld und wegen seiner treulosen Verwegenheit geblendet worden sei. Deswegen verdamme er und verwerfe er nach dem Beispiel seiner Vorgänger die ketzerische und unbesonnene Schlechtigkeit Herolds und exkommuniziere alle, die sich ihm bei einer derartigen Anmaßung in Blindheit des Leibes und des Geistes verbinden."

Der nun unangefochten amtierende neue Erzbischof Friedrich stand im Gegensatz zu seinem Vorgänger Herold nicht nur während der militärischen Auseinandersetzung zwischen Heinrich dem Zänker und Kaiser Otto II. fest an dessen Seite, sondern er bewies sein absolutes Treueverhältnis auch als verlässlicher „ottonischer Reichsfürst" bei den kriegerischen Unternehmungen des Kaisers in Unteritalien, wo Truppen des arabischen Kalifates der Fatimiden die Besitzungen des Papstes bedrohten. Erzbischof Friedrich führte dabei persönlich sein aus siebenhundert Panzerreitern bestehendes Salzburger Kontingent, mit dem er den Feldzug des Kaisers unterstützte.

Dem jung verstorbenen Kaiser folgte sein Sohn Otto III. (983–1002), der bereits als Dreijähriger zum König gekrönt wurde. Nach zwölf Jahren, in denen die Kaiserinwitwe Theophano die Regierungsgeschäfte wahrgenommen hatte, wurde er mündig erklärt und auf den Thron gesetzt. Der tiefreligiöse, phantasiebegabte und weltfremde Jüngling hing in Rom, wo sich sein Regierungssitz befand, den Träumen einer Wiedergeburt des römischen Reiches in alter Kraft und Herrlichkeit nach. Wie zuvor sein Vater, war auch er von der Vision besessen, Rom zur deutschen Hauptstadt zu machen und so die Grundlage zu schaffen für jenes seltsame „Heilige Römische Reich deutscher Nation“, das im Grunde ja weder ein Reich noch römisch und schon gar nicht heilig war. Mit dieser utopischen Vorstellung kam auch eine neue Richtung in der katholischen Kirche und seiner obersten Führung auf, die von weltflüchtiger Haltung geprägt war. Zur Unterstützung dieser Tendenz setzte Otto III. seinen eben erst dreiundzwanzigjährigen Vetter als Papst Gregor V. (996–999) auf den Apostolischen Stuhl, um mit seiner Hilfe durch eine umfassende Reformbewegung ähnlich jener der Mönche von Cluny in Südfrankreich der zunehmenden Verweltlichung der Klöster und der gesamten Kirche Einhalt zu gebieten.

In jener Zeit war Erzbischof Hartwig (991–1023) Oberhaupt der Salzburger Diözese. Er begegnete dem jugendlichen, liebenswürdigen König mit aufrichtiger Sympathie und ließ es sich nicht nehmen, ihn zur Kaiserkrönung nach Rom zu begleiten. In gleicher Weise erwies sich Erzbischof Hartwig auch dem Nachfolger des so jung verstorbenen Kaisers, König Heinrich II. (1002–1024), dem Sohn Heinrichs des Zänkers, als treu ergebenes Mitglied des geistlichen Reichsbeamtentums. Die persönliche Verbundenheit mit dem neuen Herrscher kam unter anderem besonders deutlich dadurch zum Ausdruck, dass der König im Jahr 1009 als sein Gast das Weihnachtsfest in Salzburg feierte.

# DAS HAUS DER SALIER (1024–1125)

Mit dem Tod Heinrichs II. starb das ottonische Haus aus, um mit dem neuen König Konrad II. (1024–1039) dem fränkischen Herrscherhaus, welches als das Haus der Salier bezeichnet wird, Platz zu machen. Da auch Konrad II. von Beginn an den Kampf mit dem herzoglichen Partikularismus fortführen musste, war er so wie seine Vorgänger in hohem Maße auf die verlässliche Unterstützung seiner geistlichen Reichsfürsten angewiesen. Deshalb bemühte er sich in besonderem Maße um die Einsetzung von Thietmar (1025–1028) als neuen Erzbischof von Salzburg, weil er sicher war, mit dieser Entscheidung einen besonders einflussreichen Kirchenmann an seiner Seite zu wissen. Wurde Thietmar doch soeben von Papst Johannes XIX. (1024–1032) die Befugnis erteilt, als sein persönlicher Legat in Streitfällen Entscheidungen treffen zu können, ohne vorher ein päpstliches Urteil einholen zu müssen. Umgekehrt war auch Thietmar, der den König zu dessen Kaiserkrönung nach Rom begleitete, an einer möglichst engen Beziehung zum Herrscher interessiert.

Dieses Treueverhältnis bewies der Salzburger Erzbischof in gleichem Maße auch dem Sohn und Nachfolger Konrads, der 1039 als Heinrich III. (1039–1056) die Regierung übernahm. Er traf an Hoftagen wiederholt mit dem König zusammen und begleitete ihn als Reichsbischof auch auf dessen Feldzug gegen Bretislaw von Böhmen, der wieder in Lehensabhängigkeit gebracht werden konnte. Da Thietmar schon wenig später starb, musste sich König Heinrich III. bemühen, als dessen Nachfolger in Salzburg wieder einen Reichsbischof einzusetzen, der sein besonderes Vertrauen besaß. Die Wahl fiel nach reiflicher Überlegung auf Erzbischof Baldwin (1041–1060), der als frisch gewählter Metropolit schon bald in turbulente Ereignisse in Rom hineingeriet, deren Vorgeschichte fast unglaubhaft klingt: Mit Bestechungen in großem Stil gelang es damals der übel beleumundeten römischen Familie der Theophylakten, den noch unmündigen Sohn des verstorbenen Papstes Johannes XIX., der ebenfalls seine Einsetzung dieser korrupten Familie verdankte, im Jahr 1032 als

Benedikt IX. (1032–1045) auf den Stuhl Petri zu hieven. Wie Raoul Glaber, ein Mönch aus Cluny, damals schrieb, sei dieser Knabe zum Zeitpunkt des Antritts seines Pontifikates erst elf Jahre alt gewesen, weshalb er in die Kirchengeschichte als der berüchtigte so genannte „Kindpapst" einging. In Zügellosigkeit aufgewachsen, hatte er einem zeitgenössischen Bericht zufolge bereits in seinem vierzehnten Lebensjahr mit seinen ausschweifenden, orgiastischen Vergnügungen alle seine Vorgänger in jener päpstlichen Periode der Pornokratie in den Schatten gestellt.

Einige empörte Adelige in Rom verjagten ihn ein Jahr später wegen Plünderungen und wegen Mord aus der Stadt und wählten einen seriöseren Kandidaten für dieses hohe Amt. Die Brüder Benedikts waren darüber empört, rächten sich an den Einwohnern der Stadt mit Raub und Totschlag und stellten mit Gewalt den früheren Status quo wieder her. Doch nicht genug damit: Der pubertäre Papst fand plötzlich Gefallen an seiner hübschen Cousine, verliebte sich und heiratete sie, nachdem er sich vorher selbst den Dispens vom Zölibat gegeben hatte. Den auf diese Weise verwaisten Apostolischen Stuhl aber verkaufte er gegen eine horrende Entschädigung an seinen ehemaligen Paten Gratianus, der dann auch prompt sein hohes Amt antrat. Um diesem Schauspiel ein passendes Finale zu widmen, ließ sich Benedikt, von seiner Partnerin enttäuscht, schon ein Jahr später scheiden, um anschließend, unterstützt durch seine sittenlose Familie, den neuerlichen Anspruch auf den an Gratianus verschacherten päpstlichen Thron anzumelden. Auf diese Weise ergab sich die groteske Situation, dass sich nun gleich drei Päpste zugleich ihren Apostolischen Stuhl streitig machten.

In diesem Augenblick betrat König Heinrich III. die Bühne jenes Schmierenschauspiels, fest entschlossen, die „vielköpfige Hydra" zu beseitigen. Er erschien mit einem ansehnlichen Heer, in welchem sich auch der Salzburger Erzbischof mit seinem militärischen Kontingent befand, und sorgte dafür, dass auf der rasch einberufenen Synode von Sutri die drei rivalisierenden Päpste abgesetzt wurden und wenige Tage später der aus Bamberg stammende Clemens II. (1046–1047) zum neuen Papst gewählt wurde. Der Salzburger Metropolit durfte kurze Zeit später auch noch der feierlichen Krönung Heinrichs zum Kaiser beiwohnen. So eindrucksvoll für ihn die Krönungszeremonie in der Peterskirche gewesen sein mag – der tumultuöse Ablauf der Absetzung von drei miteinander streitenden Päpsten, die er persönlich miterleben konnte, war sicher das aufregendste Kapitel während dieses erlebnisreichen Italienfeldzuges, das bei ihm selbst und bei seinen begleitenden Suffraganen sprachloses Staunen ausgelöst haben dürfte.

Aber nicht nur bei dieser außenpolitischen Auseinandersetzung, sondern auch bei dem innenpolitischen Konflikt des Kaisers mit dem Bayernherzog Konrad blieb Baldwin fest und treu auf der Seite Heinrichs. Der Kaiser wusste diese Standfestigkeit des Salzburger Metropoliten, die er mit der Gesamtbestätigung aller bisherigen Schenkungen des Königs belohnte, sehr zu schätzen angesichts des treulosen Verhaltens einiger seiner weltlichen und geistlichen Vasallen, die ihn im Stich ließen und zum bayerischen Lager übertraten. Erzbischof Baldwin konnte zu diesem Zeitpunkt nicht ahnen, dass er ungewollt mit seiner Befürwortung des cluniazensischen Reformgeistes den kommenden schweren Konflikt zwischen Kaisertum und Papsttum heraufbeschwören half. War doch die noch von Kaiser Heinrich III. vertretene Stellung des deutschen Königs und römischen Kaisers, nämlich die Abhängigkeit der Kirche von einer übergeordneten weltlichen Macht, mit der neuen Idee eines universellen Papsttums nicht mehr hinzunehmen. So war auch mit dem Tod Heinrichs III. im Jahr 1056 die Zeit einer gedeihlichen Zusammenarbeit von Kirche und Staat, die den Bestand des Deutschen Reiches im europäischen Raum sicherte, ein für allemal dahin.

# DER INVESTITURSTREIT (1073–1085)

In dieser spannungsgeladenen Epoche führte nach dem Ableben Kaiser Heinrichs III. zunächst die Kaiserinwitwe Agnes für ihren erst sechsjährigen Sohn Heinrich die Regentschaft und ihrem Einfluss war es zuzuschreiben, dass nach dem Tod des zu den treuesten Anhängern des Königshauses zählenden Erzbischofs Baldwin nun Gebhard (1060–1088), ein langjähriges Mitglied der Hofkapelle, zu dessen Nachfolger in Salzburg gewählt wurde. Fungierte er doch schon seit längerem als Kanzler unter ihrer Regentschaft, weshalb er das uneingeschränkte Vertrauen der Kaiserinwitwe besaß. Es war deshalb nicht überraschend, dass Gebhard „durch die einige und rasche Wahl des gesamten Klerus und der Ministerialen auf göttlichen Wink zum Salzburger Erzbischof erhoben wurde“.

Schon kurz nach der Amtsübernahme geriet der neue Metropolit in das Kreuzfeuer zwischen Papsttum und Kaisertum, wobei ihm infolge der topographischen Lage Salzburgs, die eine Kontrolle der wichtigsten Alpenpässe zwischen Italien und Deutschland ermöglichte, eine besondere Rolle in dem sich nunmehr anbahnenden Streit zukam. Dabei zeigte sich, dass sich Gebhard als bisher treuer Parteigänger des Königshauses nicht durch die gleiche Standfestigkeit auszeichnete wie sein Vorgänger. Dies wurde schon im April 1062 erkennbar, als es Erzbischof Anno von Köln gelang, nach gewaltsamer Entführung des jungen Königssohnes durch einen Staatsstreich die Regentschaft im Reich zu übernehmen. In dieser peinlichen Situation konnte Gebhard nicht rasch genug der neuen, illegalen Reichsführung seine unbedingte Loyalität zusichern, ohne auf die Kaiserinwitwe Rücksicht zu nehmen. Dabei wurde er von ihr noch wenige Monate zuvor mit einer vertrauensvollen Mission an den Hof des byzantinischen Kaisers geschickt, wo er über ein beabsichtigtes Bündnis gegen die Normannen verhandeln musste. Dieser Vertrauensvorschuss seitens der Kaiserinwitwe hinderte ihn nicht, nach seiner Rückkehr aus Byzanz unverzüglich zu dem in Gegenwart des jungen Königs abgehaltenen Hoftag des Kölner Erzbischofs nach Mainz zu eilen, um dem neuen Reichsregiment seine Reverenz erweisen zu können. Eine ähnliche subalterne Willfährigkeit bewies Gebhard bei der kurze Zeit später abgehaltenen Synode in Augsburg, wo über das Schisma der Päpste Alexander II. und Honorius II. beraten wurde. Hatte er in Byzanz noch die Belange des Honorius vertreten, so schloss er sich nun bereitwillig einer gegenteiligen Entscheidung an.

Kaiser Heinrich IV. auf dem Schrein Karls des Großen, Münster

Trotz dieser wankelmütigen Haltung des Erzbischofs kam es zwischen ihm und dem jungen König, der als Heinrich IV. (1056-1106) seit 1066 die Regierungsgeschäfte selbst wahrgenommen hatte, zu keiner merklichen Abkühlung. Im Gegenteil. Gebhard bewies ihm seine Anhänglichkeit auch dann, als der König beabsichtigte, die territoriale Basis seines Reiches durch Rückgewinnung entfremdeter Gebiete auszudehnen. Auch im Konflikt mit den Sachsen, die solche Gebietsansprüche nicht hinnehmen wollten und zur Verteidigung ihrer Rechte auch eine Reihe von Bischöfen auf ihre Seite ziehen konnten, erteilte er jedem Versuch, ihn von der Königspartei abzuwerben, eine klare Absage. Selbst als Heinrich IV. einen Feldzug gegen rebellierende sächsische Adelige unternahm, bei dem ihm die Herzöge von Bayern und Schwaben die Gefolgschaft verweigerten, kämpfte Gebhard durch die Entsendung einer salzburgischen Streitmacht unbeirrt als Verfechter der Sache des Königs an dessen Seite mit. Im Vertrauen auf die mehrfach bewiesene Treue und Standfestigkeit seines Salzburger Reichsfürsten nominierte ihn Heinrich IV. gemeinsam mit fünf weltlichen Fürsten sogar als Unterhändler beim Versuch einer friedlichen Beendigung des sinnlosen Kampfes gegen die aufständischen Herzöge.

Dieses unerschütterlich erscheinende Vertrauensverhältnis fand jedoch ein abruptes Ende, als im Jahr 1073 der cluniazensische Mönch Hildebrand, der als Archidiakon achtzehn Jahre lang vier verschiedenen Päpsten als Berater zur Seite stand und deren wiederholte Demütigungen durch weltliche Herrscher nicht vergessen konnte, seinen Pontifikat antrat, um zum gewaltigen Begründer einer kirchlichen Reformbewegung aufzusteigen. Um die auch das Erzbistum Salzburg miteinschließenden zukünftigen geschichtlichen Ereignisse besser einschätzen zu können, muss man sich zuvorderst an das Reformprogramm dieses diktatorisch amtierenden Papstes Gregor VII. (1073–1085) erinnern:

Hatten bisher nach karolingischer Tradition die Könige in den von ihnen beherrschten Ländern Bischöfe ernannt und Ministerialen belehnt, so forderte nun der neue Papst nicht nur die Ernennungsvollmachten zurück, sondern er bestand auch auf der bedingungslosen Unterwerfung der Könige oder der Kaiser unter das Zepter der Kirche. In seinem maßlos überhöhten Selbstverständnis, die „Re-Inkarnation des heiligen Petrus" zu repräsentieren, verkündete er in seinem berühmten „Dictatus Papae" in kategorischer Form die oberste geistliche und weltliche Gewalt des Papstes. Um diesem Diktat auch das nötige Gewicht zu verleihen, berief er eine Synode ein, in welcher er die Kernpunkte seiner Reformpläne auf drei entscheidende Verbote zusammenfasste: Verbot der Laieninvestitur, also der Einsetzung von Personen in geistliche Positionen durch weltliche Machthaber, Verbot der Simonie, also der Möglichkeit eines Kaufes kirchlicher Ämter, und schließlich Verbot einer Heirat von Priestern. Der wesentlichste Inhalt seiner insgesamt 27 aufgelisteten Thesen aber zielte auf die kommende, unausweichlich zu erwartende Auseinandersetzung mit den weltlichen Machthabern dieser Erde, die man verkürzt so wiedergeben kann: „Niemand auf Erden kann über den Papst urteilen; die römische Kirche hat nie geirrt und kann sich bis ans Ende der Zeiten nie irren; allein der Papst kann Bischöfe absetzen, neue Kirchen gründen und Kleriker berufen. Der Papst kann aber auch Kaiser und Könige absetzen und deren Untertanen vom Treueeid entbinden. Alle Fürsten müssen dem Papst die Füße küssen. Ein rechtmäßig gewählter Papst ist ein Heiliger durch die Verdienste Petri." Um die größenwahnsinnigen Forderungen auch durchsetzen zu können, berief er sich bedenkenlos auf ihm geeignet erscheinende Urkunden, die er in eigens dazu etablierten Fälscherwerkstätten in den vatikanischen Räumen fabrizieren ließ. Diese angeblich historischen, in Wahrheit jedoch gefälschten Urkunden wurden entweder überhaupt frei erfunden, oder vorhandene echte Unterlagen im Sinne Gregors verändert. Paradebeispiel dafür sind die so genannten „Pseudoisidorischen Dekretalien", mit deren Hilfe er die Exkommunikation zu einer ungeahnt machtvollen Waffe in den Händen der Päpste ausbaute. Entstehungszeit und Herkunft dieser Dekretalien sind unbekannt. Wahrscheinlich wurden sie um das Jahr 842 in Metz von einem fränkischen Kleriker zusammengestellt, der sich Isidorus Mercator nannte. Diese Kompilation enthält neben einer Unzahl echter konziliarischer oder päpstlicher Dekrete auch solche, die sie fälschlicherweise Dekreten und Briefen von Päpsten aus dem ersten bis dritten Jahrhundert zuschreibt. Die Fälschungen wären jedem guten Gelehrten klar in die Augen gestochen, aber die Gelehrsamkeit stand im neunten Jahrhundert noch auf einem Tiefpunkt, sodass viele Päpste noch Jahrhunderte hindurch an ihre Echtheit glaubten, bis sie „der neapolitanische Voltaire" Lorenzo Valla 1440 als eindeutige Fälschungen entlarvte. Gregor VII. benutzte sie jedenfalls bedenkenlos, um sie in seinem Sinne umzuformen und seiner Politik eine scheinbar historisch begründete Basis zu geben. Sein Ziel war erreicht: Sollte er in Zukunft etwa einen Kaiser exkommunizieren, dann wäre dieser von nun an gleichzeitig auch jeder weltlichen Macht beraubt, da dann seine Untertanen keine seiner Anordnungen mehr zu befolgen bräuchten. Er war dann machtlos und völlig der Laune des Papstes ausgeliefert, der ihn nach seinem Belieben auch absetzen konnte. Damit war der berühmte „Investiturstreit" voll ausgebrochen, nämlich der Entscheidungskampf zwischen Kaiser und Papst, zwischen Staat und Kirche und zwischen weltlichem und geistlichem Recht, womit ein grundlegender Wandel im Verhältnis der beiden Gewalten herbeigeführt wurde.

Erstes Opfer dieser listigen Politik eines machtbesessenen Papstes war König Heinrich IV., den Gregor wegen Ungehorsams gegen sein Edikt betreffend die Praxis der Investitur mit der Exkommunikation bedrohte, ohne Rücksicht darauf, dass durch den Entzug seines bisherigen Rechtes bei der Bistumsverleihung dem

König jedes Regieren unmöglich werden musste. Als die deutschen Bischöfe auf einem Reichstag zu Worms aus Protest gegen dieses ungeheuerliche Vorgehen diesen Papst für abgesetzt erklärten, beantwortete jener diesen Richtspruch mit dem Kirchenbann des Königs, was bedeutete, dass sich von nun an alle Fürsten und Untertanen von ihm lossagen mussten. Dies war der Augenblick, von dem an der bisher königstreue Erzbischof Gebhard eine Kehrtwendung machte und im Gleichklang mit seinen kirchlichen Freunden zu einem der radikalsten Vertreter der päpstlichen Partei unter dem gesamten Episkopat wurde. Unverzüglich trat er als gewichtiges Mitglied der aus Herzögen und Bischöfen zusammengesetzten machtvollen antiköniglichen Partei bei, die dem König ankündigte, ihm ihre Anerkennung zu versagen, sollte es ihm nicht gelingen, bis zum Jahrestag seiner Exkommunikation die Lösung vom Kirchenbann zu erwirken. Der Geist von Cluny war schon überall zu mächtig und der Papst zu sehr geachtet und gefürchtet, weshalb sich nach der Verfluchung des Königs durch den „falschen Mönch Hildebrand", wie Heinrich ihn bezeichnete, alles gegen den König wandte: nicht nur die deutschen Bischöfe, denen der Mut wegblieb, sondern auch die Herzöge von Sachsen, Schwaben und Bayern. Auch der König selbst, der kein Ketzer sein wollte und die Last des römischen Fluches offenbar nicht tragen konnte, war deshalb letztlich nicht nur, um König zu bleiben, sondern auch aus innerstem Gefühl als Mensch und Christ entschlossen, den widerstrebenden Papst als Büßer zu zwingen, ihn vom Fluch zu lösen. Der gedemütigte deutsche König trat gemeinsam mit seiner Frau und seinem zweijährigen Sohn über die tiefverschneiten Alpen seinen vielzitierten Gang nach Canossa an, wohin sich der Papst geflüchtet hatte. Vor dieser uneinnehmbaren Festung seiner Freundin Mathilde von Tuszien ließ der rachsüchtige Papst den König im Büßerhemd drei Tage lang warten, bis der um Verzeihung Flehende endlich eingelassen wurde. Dieser beschämende Akt von Canossa erregte damals weltweites Aufsehen und noch Jahrhunderte später forderte die katholische Kaiserin Maria Theresia, den Namen dieses Papstes aus dem römischen Brevier zu streichen.

Während einige deutsche Fürsten angesichts dieses entwürdigenden Bußganges wieder zum Lager König Heinrichs zurück-

Kaiser Heinrich IV., wie er knieend die Gräfin Mathilde von Tuszien, in deren Festung in Canossa sich Papst Gregor VII. geflüchtet hatte, anfleht, sich zu seinen Gunsten beim Papst einzusetzen.

kehrten, machte sich der jetzt völlig romhörige Salzburger Erzbischof dienstbeflissen in jenem Komplott weltlicher und geistlicher Würdenträger stark, das an die Stelle Heinrichs IV. den Schwabenherzog Rudolf zum neuen deutschen König wählte. Die Machtgrundlage dieses von Gebhard vehement unterstützten Gegenkönigtums, das einen Bürgerkrieg in Deutschland auslöste, war Sachsen, das von aufständischen süddeutschen Herzögen unterstützt wurde. Durch diese Haltung Gebhards war nun in den Beziehungen zwischen dem König und dem Salzburger Erzbischof der Bruch endgültig besiegelt, was für das Erzstift katastrophale Folgen nach sich zog. Wie Dopsch schreibt, wurde nun das Erzstift Salzburg für mehr als zwölf Jahrzehnte zum Bollwerk der päpstlichen Partei inmitten eines bayerischen Herzogtums, das bald wieder auf der Seite der deutschen Könige stand. Gebhard war sich der drohenden Gefahr voll bewusst, weshalb er in größter Eile die Befestigungsanlagen auf Hohensalzburg, auf der Burg Werfen und in Friesach ausbauen und verstärken ließ. Diese Vorkehrungen, so hoffte er, sollten ihn persönlich vor Schaden bewahren, im vollen Bewusstsein, dass der Rachestrahl des Königs seine Untertanen indes in voller Stärke treffen werde. Es dauerte auch nicht lange, bis von den Anhängern der Königspartei das ungeschützte Land mit seiner bäuerlichen Bevölkerung durch Plünderungen und Verwüstungen heimgesucht wurde, weshalb sich schon bald das gemeine Volk gegen den hinter sicheren Mauern residierenden Erzbischof drohend zu sammeln begann. Die feindliche Stimmung gegen ihren rücksichtslosen Landesherrn eskalierte schließlich in eine offene Rebellion, sodass sich Gebhard gezwungen sah, Salzburg zu verlassen, um in Sachsen, dem erklärten Zentrum des Widerstandes gegen den König, Zuflucht zu finden.

König Heinrich IV. konnte sich in den folgenden Monaten im Großteil des Reiches wieder durchsetzen. Da er im Zuge der Festigung seiner Machtposition unter anderem auch den Herzog von Bayern absetzte, wurde durch diese Maßnahme Gebhard samt seinem Suffragan in Passau so gut wie völlig isoliert. Angesichts der Beteiligung des Adels im Bereich der angrenzenden Ländereien, aber auch im Erzstift selbst, die sich mit königlicher Billigung durch Raubzüge an den Kirchengütern schadlos hielten, nahm die feindliche Haltung der Bevölkerung gegen ihren geistlichen Landesherrn ein so bedrohliches Maß an, dass der Erzbischof schließlich keinen anderen Ausweg mehr sah, als den König um ein Zusammentreffen zu ersuchen. Obwohl Heinrich IV. seine Verhandlungsbereitschaft signalisierte, scheiterten die Beratungen an den hartnäckigen Forderungen des starrköpfigen Gebhard nach Rückgabe sämtlicher geraubter Kirchengüter seines Landes. Da ihm freies Geleit zugesichert war, zog es der Erzbischof vor, wieder in sein Exil nach Sachsen zurückzukehren, das er neun Jahre lang beanspruchen musste.

Inzwischen machten sich merkliche Spannungen innerhalb der päpstlichen Parteien, vornehmlich des Gegenkönigs und der beteiligten Fürsten, bemerkbar. Es machte sich in diesem Lager nämlich die Enttäuschung breit, dass der Papst den König vom Banne gelöst hatte. In den so genannten „Sachsenbriefen", die nach heutigen Erkenntnissen zum wesentlichsten Teil von dem im Exil in Sachsen lebenden Erzbischof Gebhard verfasst wurden, drängte man den Papst dazu, sich endlich völlig vom König zu distanzieren und sich für den Gegenkönig Rudolf zu entscheiden. Daraufhin ließ Heinrich IV. jetzt Gregor zum zweiten Mal des Papsttums verlustig erklären, was Gregor veranlasste, ein zweites Mal den Bannfluch gegen ihn zu schleudern, der aber angesichts der zwischenzeitlich erfolgten Erstarkung des Königtums das Gegenteil bewirkte. Auf einer Synode in Bamberg verweigerte die Mehrheit des deutschen Episkopats dem Papst die weitere Gefolgschaft. Zu sehr witterte man durch eine neuerliche Exkommunikation des Königs den „universalen Herrschaftsanspruch" des krankhaft machtbesessenen Oberhirten der Christenheit. Da Heinrich IV. beim Kampf mit dem Gegenkönig durch dessen Tod zwar als Sieger hervorging, ihm jedoch ein klarer Erfolg über Sachsen und die dort vereinten päpstlichen Parteien versagt blieb, sollte durch Verhandlungen entschieden werden, ob Heinrich nun der rechtmäßige deutsche König sei oder nicht. Es wurden fünf geistliche Unterhändler nominiert, deren Führung man dem Salzburger Erzbischof anvertraute. Trotz seiner Eloquenz und geistigen Überlegenheit gelang es Gebhard jedoch nicht, eine Einigung mit der gegnerischen Partei zu erzielen. In einem Brief an den Bischof von Metz gab er seiner Enttäuschung Ausdruck. Aus diesem Brief spricht, wie Dopsch schreibt, „neben dem großen Gelehrten auch der unglückliche Mensch Gebhard, der seine zunehmende Vereinsamung sowie die ständigen Verfolgungen, denen er ausgesetzt ist, beklagt und als Oberhirte mit ansehen muss, wie seine Diözese immer stärker unter den Angriffen der Feinde zu leiden hat".

Aber auch Papst Gregor VII. erlebte nur noch Enttäuschungen. Als der König siegreich in Rom Einzug halten konnte und in einer deutsch-italienischen Synode Clemens III. zum Gegenpapst gewählt wurde, der postwendend Heinrich IV. zum Kaiser krönte, musste der zunehmend isolierte Papst seine letzte Zuflucht bei seinen normannischen Verbündeten suchen, in deren Residenz in Salerno Gregor VII. als Verbannter kurze Zeit später den Tod fand. Sein Heimgang war für die gregorianische Partei ein herber Schlag. Als deren wichtigster Hoffnungsträger für die Zukunft verblieb der Salzburger Erzbischof Gebhard, der als „eifrigster Wächter" des gregorianischen Lagers galt und weiterhin leidenschaftlich die Forderungen seines verblichenen Idols verteidigte.

Im Reich schien nach dem Hinscheiden seines erbitterten Feindes Gregor der endgültige Sieg des Kaisers in greifbarer Nähe. Doch jetzt erhoben sich in Bayern und in Schwaben seine Gegner, die unter der Führung Sachsens gegen ihn vorgingen. Unter den Angreifern befand sich trotz seines hohen Alters auch wieder der unnachgiebige Salzburger Erzbischof, den ein zeitgenössischer Geschichtsschreiber mit der Waffe in der Hand antraf und der Gebhard „gleichsam als einen Jüngling von hundert Jahren, der jetzt noch das Waffenhandwerk lernen müsse", beschrieb. Der Erzbischof nützte die bedrängte Lage des Kaisers, um aus seinem Exil endlich wieder in seine Diözese einzuziehen. Da es dem zwischenzeitlichen Gegen-Erzbischof Berthold nicht gelungen war, das Land zu befrieden, wurde Gebhard von der Salzburger Bevölkerung wieder freudig als ihr geistlicher Landesherr begrüßt. Als er zwei Jahre später auf der Festung Hohensalzburg starb, schied mit ihm eine geschichtlich bedeutende Persönlichkeit aus der Welt, die aus der Zeit des Investiturstreites und des Kampfes zwischen Kaiser und Papst nicht wegzudenken ist.

In den folgenden Jahren steuerte Kaiser Heinrich IV. einem ähnlichen Sturz in die Tiefe entgegen wie sein einstiger Erzfeind Gregor VII. Schuld daran hatte vor allem dessen Nachfolger Papst Urban II. (1088–1099), der mit seinem diplomatischen Meisterstück, nämlich mit seinem Aufruf zum Kreuzzug gegen die Ungläubigen im Heiligen Land, den Kaiser innerhalb kürzester Zeit regelrecht matt setzte. Denn mit diesem Aufruf vermochte der Papst nicht nur die innerdeutschen Feinde des Kaisers zu sammeln. Indem er es nämlich verstand, zur gleichen Zeit auch Zwietracht in die kaiserliche Familie zu streuen, gelang es ihm, schließlich sogar deren Sohn, den nachmaligen König Heinrich V. (1106–1125), so weit zu bringen, dass er sich gegen seinen eigenen Vater erhob.

Gebhards Nachfolger Thiemo (1090–1101), der als Maler und Bildhauer begabte Künstler, war nicht dazu geeignet, sich dem interimistischen Gegen-Erzbischof Berthold entgegenzustellen, der mit einer Streitmacht anrückte und sich in den Besitz des Erzstiftes setzen wollte. Thiemo zog es vor, das Kreuz zu nehmen und gemeinsam mit einigen hohen geistlichen und weltlichen Würdenträgern dem Ruf Urbans II. zu folgen und ins Heilige Land zu ziehen, wo er in der Stadt Askalon das Martyrium erlitten haben soll. Die Neubesetzung des vakanten Stuhles des heiligen Rupert in Salzburg regelte König Heinrich V. persönlich, indem er auf einem Reichstag Konrad von Abensberg (1106–1147) zum neuen Metropoliten von Salzburg investierte, zum Dank dafür, dass er an Heinrichs Seite bei dessen Aufstand gegen den Vater ein treuer Mitstreiter seiner Partei war.

Mit dieser Investitur des neuen Salzburger Erzbischofs bewiesen beide, Heinrich V. und Konrad I., dass weder der König noch der Erzbischof echte Verfechter der gregorianischen Reform waren. Vordergründig ging es dem König darum, die seinerzeit von den ottonischen Kaisern geschaffene Reichskirche weiterhin als verlässliche Stütze seiner königlichen Macht fest und treu an seiner Seite zu wissen. Stellte sie ihm doch im Kriegsfall das Hauptkontingent der Streitmacht in seinem Reichsheer. Für Erzbischof Konrad, der im Kampf gegen die Unwissenheit des Volkes als fortschrittlich gesinnter Landesherr übrigens ein regelrechtes Bildungszentrum errichtete, galt sein militärischer Freibrief allerdings nicht als Freibrief, mit allen Entscheidungen des Königs vorbehaltlos einverstanden zu sein, wodurch die enge Beziehung zwischen den beiden in den folgenden Jahren eine merkliche Abkühlung erfahren musste. Erste Differenzen gab es schon während des Feldzuges von König Heinrich gegen Rom, an dem Konrad natürlich als Reichsfürst zur aktiven Teilnahme verpflichtet war.

Damals erregte der Erzbischof das Missfallen des Königs, als dieser erfuhr, dass sein geistlicher Reichsfürst seinen von ihm persönlich befehligten Streitern innerhalb der bayerischen Heeresgruppe eigenmächtig den Befehl erteilte, „außer in einer tobenden Schlacht an keinen mutwilligen Kampfhandlungen teilzunehmen, da er im Grunde ein Diener des Friedens sein wolle“. Zu einem richtigen Eklat, der zum endgültigen Bruch ihrer freundschaftlichen Beziehungen führte, kam es hingegen kurze Zeit später in Rom, wo nach seinem siegreichen Einzug Heinrich V. vom Papst Paschal II. (1094-1118) verlangte, ihm das Investiturrecht mit den so genannten Temporalien – den weltlichen Besitzungen und Rechten – durch Ring und Stab vor der Weihe eines geistlichen Würdenträgers zu belassen. Der Papst berief sich jedoch auf die Regeln der gregorianischen Reform und wies dieses Ansinnen kategorisch zurück, worauf der König diese Entscheidung mit der Gefangennahme des Papstes beantwortete. Gegen dieses unerhörte Vorgehen protestierte Erzbischof Konrad in aller Öffentlichkeit so lautstark, dass man ihm seitens der königlichen Ministerialen wegen Majestätsverbrechens den Prozess machen wollte und ihn inhaftierte. Nur durch das persönliche Eingreifen des Königs selbst konnte Schlimmeres verhindert werden. Heinrich V. war von der unerschrockenen Haltung des Erzbischofs, wie es scheint, sehr beeindruckt, denn er gestattete dem aus der Haft entlassenen Kirchenfürsten in einem großmütigen Akt, unbehelligt die Heimreise antreten zu dürfen.

Trotz dieses Gnadenaktes war sich Konrad klar darüber, dass er seines Bleibens in Salzburg nicht mehr sicher sein konnte, weshalb er die Flucht antrat. Es war wieder einmal die Markgräfin Mathilde von Tuszien, die ihm ähnlich wie zuvor Papst Gregor VII. in ihrer uneinnehmbaren Festung in Canossa Schutz gewährte. Drei Jahre lang war er dort vor seinen kaiserlichen Häschern sicher, bis er nach dem Tod seiner Beschützerin so wie seinerzeit Erzbischof Gebhard ins Exil nach Sachsen zog, wohin ihn der in Deutschland zu den verlässlichsten Vertretern der päpstlichen Partei zählende Herzog Lothar von Supplinburg einlud. Von hier aus konnte Konrad wieder mit seiner Salzburger Kirchenprovinz, aber auch mit Rom selbst rege Verbindungen aufnehmen, wo sich entscheidende Veränderungen ankündigten. Der neue Papst Gelasius II. (1118–1119) war nämlich nicht bereit, die von seinem Vorgänger unter königlichem Druck erpresste Rücknahme des Investiturrechts anzuerkennen. Heinrich beantwortete dies mit der Ernennung eines ihm genehmen Gegenpapstes, eine Provokation, die Rom nicht hinnehmen konnte und unter kräftiger Mitwirkung des Salzburger Erzbischofs Konrad zur Folge hatte, dass der

Kaiser auf einer rasch einberufenen Synode exkommuniziert wurde. Schließlich einigten sich aber beide Streitparteien doch, diesen Dauerbrenner des Streites um das Recht der Investitur durch einen Ausgleich ihrer Differenzen endlich aus der Welt zu schaffen. So kam es im Jahr 1122 zu dem berühmten „Wormser Konkordat“, worin sich der noch immer gebannte Kaiser und der Papst auf eine endgültige Trennung der Spiritualien und der Temporalien einigten. Dieses Konkordat sah vor, dass der Kaiser der Kirche „jede Investitur mit Ring und Stab“ zu überlassen bereit war und er überdies einwilligte, dass Bischofswahlen von nun an nur kanonisch, also durch die zuständigen Geistlichen vorgenommen und frei von jeder Einmischung und Simonie sein sollten. Im Gegenzug räumte der Papst ein, dass die Wahlen von Bischöfen, die Kronländer besaßen, in Gegenwart des Kaisers abgehalten werden müssen und, falls sie Länder vom Kaiser zu eigen haben, ihm gegenüber alle lehensherrlichen Pflichten eines Vasallen erfüllen müssen.

Durch die Beendigung des Investiturstreites war es Erzbischof Konrad I. wieder möglich, in das Erzstift Salzburg zurückzukehren, wo er unverzüglich die dringlichsten Angelegenheiten auf seinen Besitztümern in Angriff nahm. Dabei scheute er auch nicht davor zurück, zur erfolgreichen Rückforderung widerrechtlich während seiner Abwesenheit angeeigneter salzburgischer Besitzungen, wenn nötig, zu bewaffneter Gewalt zu greifen. Als etwa der Herzog von Kärnten nicht zur Kenntnis nehmen wollte, die von ihm unrechtmäßig eingezogenen Besitzungen der Erzdiözese wieder herauszugeben, rückte der Erzbischof persönlich an der Spitze seiner Streitmannen gegen ihn vor, um seinen unbotmäßigen Widerstand zu brechen. Nachdem der Herzog klein beigegeben hatte, befahl ihm Konrad, im Büßerhemd und barfuß vor dem Kirchenfürst zu erscheinen und um die Absolution von dem über ihn verhängten Bannfluch zu flehen. Diese Art der Demütigung dürfte Konrad während seines dreijährigen Exils auf der Festung Canossa erfahren haben, wo ihm die Markgräfin Mathilde wahrscheinlich alle Details von dem Triumph ihres ehemaligen Freundes Papst Gregor VII. über dessen Gegner Kaiser Heinrich IV. berichtet hatte!

Erzbischof Konrad wurde wegen seines hohen Ansehens auch nochmals in die Reichspolitik hineingezogen. Nach dem Tod

Heinrichs V. spielten sich nämlich bei der Wahl des Herzogs Lothar von Supplinburg (1125–1173) zum deutschen König turbulente Szenen ab, die sich zu einem Bürgerkrieg auszuweiten drohten. In dieser brisanten Lage gelang es Konrad, den einflussreichen Herzog von Bayern zu überreden, den Gegenkandidaten Friedrich von Schwaben auf friedlichem Weg aus dem Rennen zu nehmen, sodass mit seiner Hilfe Lothar von Supplinburg einstimmig zum neuen deutschen König gewählt werden konnte. Aber auch in Rom hatte Erzbischof Konrad noch eine wichtige Vermittlerrolle zu spielen zur Lösung eines peinlichen Schismas im Streit um den zu besetzenden Papstthron. Das Kardinalskollegium gab unverständlicherweise Anaclet den Vorzug, obwohl bekannt war, dass dieser mit seiner eigenen Schwester im Konkubinat lebte und mit ihr bereits drei Kinder gezeugt hatte. Erst den Bemühungen Konrads gelang es mit Unterstützung des berühmten Führers des Zisterzienser-Ordens, Bernhard von Clairveaux, die Entscheidung König Lothars für Innozenz durchzusetzen. Als Dank für seinen erfolgreichen Einsatz erhielt Konrad den ehrenden Auftrag, dem neugewählten Papst seine Bestätigung durch den König persönlich zur Kenntnis zu bringen.

Bevor sich der Salzburger Erzbischof endgültig aus der Reichspolitik zurückziehen konnte, musste er nach dem Tod Lothars noch einmal vor dem Fürstentag anlässlich der Neuwahl des deutschen Königs seine Rolle auf der politischen Bühne demonstrieren. Während man damals allgemein mit der Wahl des mächtigen bayerischen Welfenherzogs Heinrich dem Stolzen rechnete, wurde von einer Minderheit der anwesenden geistlichen und weltlichen Fürsten auf Wunsch des eben in Rom unter Mithilfe des Salzburger Erzbischofs eingesetzten Papstes Innozenz II. (1130–1143) Konrad von Staufen als Nachfolger Kaiser Lothars vorgezogen. Wohl in der Annahme, dass der energische Salzburger Metropolit mit seinem ausgeprägten Rechtsempfinden diesem Rechtsbruch durch die päpstliche Partei an jenem Fürstentag zu Mainz nicht zustimmen würde, hatte ihn vorsorglicherweise der Papst, obwohl er ihm so viel zu verdanken hatte, nicht ins Vertrauen gezogen, was den tief gekränkten greisen Kirchenfürst veranlasste, an die gesamte Fürstenversammlung ein geharnischtes Protestschreiben zu richten. Erst mit mehreren, in fast unterwürfigem

Ton verfassten Briefen, die von König Konrad selbst unterzeichnet waren, konnte der Erzbischof dazu gewonnen werden, den neuen deutschen König anzuerkennen.

Dieses Beispiel zeigt, wie sich die ecclesia militans zur ecclesia triumphans entwickelt hat und wie die königliche Würde bestenfalls zu einem Mittel herabsank, Gegensätze auszugleichen, und zwar ausschließlich zum Besten der Kirche. In Deutschland herrschte zu dieser Zeit der Klerus bereits so vollkommen, dass schon die Königswahl Lothars und nun auch jene von Konrad III. von ihm entschieden wurde und, was bisher noch nie dagewesen war, ein bereits gewählter König den Papst um Wahlbestätigung ersuchen musste.

## DIE ZEIT DER STAUFER (1138–1254)

Konrad III. (1138–1152) war der erste König aus dem Hause der Hohenstaufer. Sein nicht ganz gerechtfertigter Sieg bei der Wahl zum deutschen König über seinen Gegenkandidaten, den welfischen Bayernherzog Heinrich den Stolzen, legte den Grundstein für die spätere Rivalität zwischen den Staufern und den Welfen und es war der Übertritt des Salzburger Metropoliten zu den Befürwortern von König Konrad III. für diesen natürlich von großer Bedeutung, weil der Metropolit ja den gesamten bayerischen Klerus mit sich zog, was logischerweise die Machtstellung Heinrichs des Stolzen in Bayern nicht unwesentlich erschütterte. Weil der König außerdem nicht beide Herzogtümer, nämlich Bayern und das von Lothar geerbte Sachsen, in der Hand Heinrichs des Stolzen lassen wollte und deshalb Sachsen an Albrecht den Bären verlieh, musste es in der Folge zum bekannten erbitterten Kampf zwischen Staufern und Welfen kommen.

In dieser bewegten Zeit folgte in Salzburg nach dem Tod Konrads Eberhard (1147–1164) als neuer Erzbischof, der sich zunächst von der großen Politik weitestgehend fernhielt. Trotzdem gestaltete sich sein Verhältnis zu König und Papst durchaus in freundlichen, von Respekt getragenen Bahnen. Er erhielt Einladungen zu wichtigen Ereignissen, unter denen der in Salzburg abgehaltene Hoftag König Konrad III. anlässlich seiner Rückkehr vom gescheiterten zweiten Kreuzzug eine besondere Auszeichnung für Erzbischof Eberhard I. bedeutete. Zum letzten Mal begegnete er dem König auf dem zwei Jahre später in Regensburg tagenden Reichstag.

Nach dem Tod Konrads III. wurde dessen Neffe Friedrich von Schwaben (1152–1190), der wegen seines roten Bartes in Italien den Beinamen Barbarossa erhielt, zu seinem Nachfolger gewählt. Von Beginn an bestand ein positives Verhältnis Erzbischof Eberhards zum Stauferkönig, was bereits aus der Freistellung des an sich zum Kriegsdienst verpflichteten Metropoliten von seiner Teilnahme an Friedrichs geplantem Italienzug, der im Jahr darauf zu dessen Kaiserkrönung führte, zu ersehen ist. Als Papst Hadrian IV.

(1154–1159) bei diesem Anlass zu eindeutig zu verstehen gab, dass Barbarossa das Kaisertum ausschließlich als Lehen vom Papst erhielt, kam es zu schweren Verstimmungen. Der Hochmut dieses Papstes zeigte sich schon beim ersten Zusammentreffen mit dem jungen König. Barbarossa unterließ nämlich den üblichen Ritus, demzufolge der weltliche Herrscher dem Papst Zügel und Steigbügel halten und ihm beim Absteigen behilflich sein sollte. Hadrian musste ohne fremde Hilfe vom Sattel, worauf er Friedrich den „Friedenskuss" und die Reichskrone verweigerte, ehe er nicht die traditionelle Zeremonie vollziehe. Zwei Tage lang blieb die Krönungsfrage von jenem lächerlichen Zeremoniell abhängig, bis der Kaiser nachgab.

Zum Ausbruch eines echten Konfliktes zwischen dem Kaiser mit seiner Italienpolitik und dem Papsttum kam es allerdings erst nach dem Tod Hadrians, als sich eine Doppelwahl zwischen dem der kaiserlichen Partei gewogenen Viktor IV. (1159–1164) und dem vom gregorianischen Geist einer universalen päpstlichen Macht beseelten Alexander III. (1159–1181) abzeichnete. Dieses neuerliche päpstliche Schisma, in welchem sich Viktor zum rechtmäßigen Papst erklärte und seinen Gegenkandidaten vorsorglich gleich exkommunizierte, sollte nach dem Willen des Kaisers in einem Konzil bereinigt werden. Zur Überraschung Barbarossas entschied sich Erzbischof Eberhard für Alexander, womit er sich demonstrativ gegen die Mehrheit der deutschen Bischöfe und auch gegen den Wunsch des Kaisers stellte. Von diesem Standpunkt konnte ihn selbst Barbarossa nicht abbringen, auch dann nicht, als der Kaiser von Papst Alexander exkommuniziert wurde und Eberhard damit vom Treueid gegenüber dem Reich entbunden war. Der Erzbischof wagte es sogar, sich dem Befehl des Kaisers zu widersetzen, mit einer salzburgischen Streitmacht sich im kaiserlichen Heer einzufinden. Erst als ihm Barbarossa mit der Absetzung drohte, begab sich der greise Metropolit nach Pavia, wo der Kaiser Hof hielt und wo er zur Überraschung aller anwesenden Würdenträger von Barbarossa dennoch freundlich empfangen wurde. Aber auch nach einer persönlichen Aussprache zwischen beiden ergriff Eberhard unerschütterlich weiterhin für Alexander Partei. Diese feste Haltung des greisen Kirchenfürsten aus Salzburg verfehlte nicht die Wirkung auf den Kaiser, der als glänzendes Vorbild höfischen Rittertums, gleichzeitig aber auch als ausgezeichneter Diplomat galt. Trotz der erfolglosen Verhandlungen zur Beseitigung des päpstlichen Schismas bewahrte der Kaiser dem greisen Eberhard auch fürderhin seinen Respekt. Im festen Glauben an seine Unterstützung forderte Barbarossa den Salzburger Erzbischof sogar noch auf, mit einem möglichst zahlreichen Truppenkontingent an seinem Feldzug gegen einige oberitalienische Städte teilzunehmen, doch entband der eingetretene Tod des kaiserlich gesinnten Papstes Viktor IV. den Erzbischof von dieser Pflicht. Der Gegenpapst Alexander III. dankte Eberhard für seine treue Haltung und ernannte ihn im folgenden Jahr zum „ständigen päpstlichen Legaten für ganz Deutschland". Diese Ernennung zum apostolischen Legaten galt jedoch nur ad personam und darf nicht verwechselt werden mit der späteren kontinuierlichen Legatengewalt der Salzburger Erzbischöfe, die auf die Salzburger Kirchenprovinz beschränkt war.

Mit Eberhards Nachfolger Erzbischof Konrad II. (1164–1168) geriet das Erzstift schon in seinem ersten Regierungsjahr mit Friedrich Barbarossa in einen ernsten Konflikt, der verheerende Folgen nach sich zog. Indem Konrad nämlich so wie sein Vorgänger ein treuer Anhänger Papst Alexanders war, verweigerte er folgerichtig dem Nachfolger Viktors, dem von der kaiserlichen Partei ernannten Gegenpapst Paschal III. (1164–1168), die Anerkennung.

Diesmal beantwortete jedoch Barbarossa das provozierende Verhalten des neuen Salzburger Erzbischofs mit Anwendung von Gewalt: Er lehnte umgehend die Investitur Konrads mit den Regalien ab, wodurch ihm als geistlicher Reichsfürst die weltlichen Hoheitsrechte über die Besitzungen des gesamten Erzstiftes entzogen wurden. Konrad wurde nach Nürnberg vorgeladen, wo er wegen unrechtmäßiger Besitznahme des Erzstiftes Salzburg angeklagt wurde. Durch die Verhängung der Reichsacht über das Erzstift, wodurch alle Lehen und Eigentümer in den Besitz des Kaisers übergingen, waren nun vor allem jene adeligen Sippen um die möglichst tatkräftige Umsetzung dieses Urteils bemüht, die durch einen Raub an Kirchengütern aus den von Papst Paschal III. mit Acht und Exkommunikation bestraften Klöstern im Erzstift eine billige Bereicherung ihres Besitzes erhofften. Am raubgierigsten taten sich dabei die Grafen von Plain hervor, denen die Stadt Salzburg ihre verheerende Brandschatzung verdankte. Derartige rächende Straf- und Beutezüge, an denen sich auch der Herzog von Kärnten sowie die bayerischen Wittelsbacher rege beteiligten, hielten über ein Jahr lang an und ließen eine grausige Spur „von flüchtenden Mönchen und qualmenden Schutthaufen" zurück. Dass sich Erzbischof Konrad selbst in diesen gesetzlosen Wirren behaupten konnte, war nur seinen vorsorglichen Maßnahmen zuzuschreiben, die er zu seinem persönlichen Schutz für den Fall einer bewaffneten Auseinandersetzung mit dem Kaiser durch Verstärkung der Befestigung seiner Burgen im Lande inklusive deren personelle Verstärkung und ausreichende Versorgung mit Waffen und Munition getroffen hatte. Die Bevölkerung hingegen war wie immer in solchen Situationen schutzlos dem Wüten und Morden ausgesetzt. Beschämend müssen wir zur Kenntnis nehmen, dass Friedrich Barbarossa den dem Erzstift unmittelbar benachbarten Grafen Liutpold und Heinrich von Plain brieflich seinen Dank für ihr so energisches Vorgehen aussprach, wodurch deren Gewaltexzesse nur noch weiter angeheizt wurden.

Nach Ablauf eines Jahres beruhigte sich die Lage im Erzstift allmählich, nicht zuletzt deshalb, weil der Kaiser seinen vierten Italienfeldzug wegen einer ausgebrochenen Seuche im Heer unterbrechen und zurück nach Deutschland fliehen musste. All dies bereitete ihm ganz andere Sorgen als die geplante Vollstreckung seines vor zwei Jahren in Laufen an der Salzach verkündeten Gerichtsurteils über Salzburg. Schon begann man auf ein friedliches Übereinkommen mit dem Kaiser zu hoffen, dessen eingeleitete Vorbereitungen jedoch Konrad nicht mehr erlebte. Als sein Nachfolger wurde der junge Prinz Adalbert (1168–117 und 1183–1200), Sohn des Königs von Böhmen und Vetter Barbarossas, zum Erzbischof von Salzburg gewählt. Aber dieser erst dreiundzwanzig Jahre alte, politisch völlig unerfahrene Günstling geriet schon in den ersten Tagen seiner Regierung durch einen Affront schlimmster Sorte in einen Konflikt mit dem Kaiser. Offenbar im Vertrauen auf seine vornehme Abstammung erachtete er es als nicht notwendig, vor seiner Einsetzung als Erzbischof und geistlicher Reichsfürst die Investitur mit den königlichen Regalien einzuholen. Er wusste offenbar nicht, dass ein solcher voreiliger Schritt einen schweren Verstoß gegen das Wormser Konkordat bedeutete. Ungehalten über

Das „Salzbüchsel“, die Burg der Grafen von Plain in der Nähe von Großgmain.

die noch immer anhaltende Parteinahme des Erzstiftes Salzburg für Papst Alexander III. war Barbarossa nicht gewillt, eine solche Herausforderung dieses jungen geistlichen Würdenträgers zu tolerieren, weshalb er unverzüglich mit einer beachtlichen Streitmacht vor die Tore der Stadt Salzburg rückte, um Adalbert in die Knie zu zwingen. Dieser war auch ohne jedweden Widerstand bereit, dem Kaiser die weltliche Regierung zu überantworten, während er selbst auf einem Reichstag zu Regensburg mit Zustimmung aller versammelten Reichsfürsten seine sofortige Absetzung zur Kenntnis nehmen musste. Obwohl der Salzburger Klerus weiterhin Adalbert, der sich „von Gottes Gnaden Erzbischof von Salzburg“ nannte, die Treue halten wollte, zeigten sich seine Ministerialen nicht bereit, gegen den Kaiser aufzutreten, der im Falle eines Widerstandes die Zerstörung aller Klöster und Kirchen im Erzstift androhte. Obwohl sich Adalbert nun auch zur bedingungslosen Unterwerfung entschloss und alle Besitzungen des Erzstiftes dem Kaiser übergab, wurde ihm trotzdem ein weiterer Aufenthalt in Salzburg untersagt. Nur die Wahl eines neuen Erzbischofs wurde zunächst noch aufgeschoben.

Inzwischen wechselten fast alle Suffraganbischöfe der Salzburger Diözese ins Lager des Kaisers, da sich der aus Salzburg verbannte Erzbischof durch unüberlegte Handlungen immer neue Feinde schaffte. Barbarossa entschloss sich deshalb, die endgültige Absetzung Adalberts als Salzburger Metropolit auszusprechen und Heinrich, den Propst aus Berchtesgaden, zum neuen Erzbischof zu ernennen, nachdem er ihm auch die königlichen Regalien und damit die Regierungsgewalt im Erzstift zurückgegeben hatte. Adalbert gab hingegen noch längst nicht auf. Zunächst exkommunizierte er seinen Gegenspieler Propst Heinrich, um anschließend seine neuerliche Anerkennung durch Papst Alexander bekannt zu geben. Damit hatte die Entscheidung des Kaisers zu keiner endgültigen Befriedung im Erzstift geführt, sondern eher das gefährliche „Salzburger Schisma" weiter angeheizt. Erst als Adalbert seine Rückkehr nach Salzburg notfalls mit Waffengewalt zu erzwingen drohte, war dies selbst für seinen Schutzherrn Alexander zu viel, der überdies mittlerweile von Barbarossa endlich als rechtmäßiger Inhaber seines Pontifikates in Rom anerkannt wurde, was im Gegenzug die Lösung vom Bannfluch des Kaisers zur Folge hatte. Papst und Kaiser waren nun entschlossen, die unhaltbare Situation im Erzstift zu bereinigen. Sowohl Adalbert wie auch sein Gegenspieler Heinrich wurden zum Verzicht all ihrer Rechte als Erzbischof von Salzburg aufgefordert und der Kardinal Bischof Konrad III. (1177–1183), Graf von Wittelsbach, zum neuen Metropoliten der Diözese eingesetzt.

Wer aber glaubte, auf diese Weise eine dauerhafte Lösung gefunden zu haben, der rechnete nicht mit dem bohrenden Ehrgeiz und der Hartnäckigkeit Adalberts, der die Chance für einen neuen Anlauf zur Wiedererlangung seines Amtes nicht aus den Augen verlor. Seit es ihm gelang, sein persönliches Verhältnis zu Barbarossa spürbar zu verbessern, standen die Sterne für sein Vorhaben gar nicht so schlecht. Der Kaiser hatte Adalbert nämlich wegen seines diplomatischen Geschicks als Vermittler im Streit mit Barbarossas erbittertem Feind Papst Urban III. (1185–1187) auserkoren und Adalbert hatte Erfolg. Er konnte durch seine geglückte Intervention beim Papst im Sinne des Kaisers erreichen, dass die drohende Gefahr einer gewaltsamen Besetzung des Kirchenstaates durch eine kaiserliche Streitmacht im letzten Augenblick noch abgewendet werden konnte. Gerade in diesem Augenblick kam Adalbert der Umstand zu Hilfe, dass Erzbischof Kardinal Konrad wieder in sein ursprüngliches Bistum Mainz zurückgerufen wurde, sodass dem inzwischen gereifteren und konsensbereiteren böhmischen Prinz der Weg zurück nach Salzburg offen stand.

Während seines sechsten Italienfeldzuges gelang es Friedrich Barbarossa, seinen Sohn Heinrich mit Konstanze, der Tochter und damit auch Erbin des letzten Normannenkönigs Roger II., zu vermählen. Mit dem dadurch erreichten Gewinn Siziliens erfuhr die Macht des Kaisertums eine gewaltige Steigerung, denn mit der Krönung des Sohnes zum deutschen König als Heinrich VI. (1165–1197) trat dieser gleichzeitig, sehr zum Ärger des Papstes, auch die italienische Herrschaft an. Mit diesem Erfolg reifte nun ein ganz anderer Gedanke im Kaiser heran, der ihn mehr und mehr gefangen nahm. Als Sultan Saladin Jerusalem bedrohte und in kurzer Zeit die christliche Stadt gefallen war, beschloss nämlich Friedrich Barbarossa nun, mit einem stattlichen Heer ins Heilige Land aufzubrechen und das Verlorene zurück zu erobern, wohl in der Hoffnung, Ost und West zu einem künftigen Römischen Reich des alten Umfangs vereinen zu können. Doch dieses letzte Unternehmen scheiterte daran, dass der Kaiser während des dritten Kreuzzuges beim Baden in dem kleinasiatischen Flüsschen Saleph ertrank.

König Heinrich VI., der seinen Vater bereits zweimal als Mitregent vertreten hatte, trat nun 1190 die Nachfolge Kaiser Barbarossas an und machte mit seinen erfolgreichen Eroberungen den Traum des Vaters beinahe wahr. Plante er doch zur Abrundung seines halb Europa umfassenden Reiches bereits die Eroberung von Byzanz. Diese ehrgeizigen Bestrebungen hatten natürlich zur Folge, dass er seine eigentlichen Verpflichtungen in Deutschland selbst mehr und mehr vernachlässigte. Dazu kam noch, dass er für seine kriegerischen Eroberungen ungeheure Summen Geldes benötigte, weshalb es nicht lange dauerte, bis ihn in der Heimat eine zunehmend gefährliche Opposition der Fürsten in arge Bedrängnis brachte. Aus dieser sich bedrohlich zuspitzenden Lage rettete ihn jedoch ein völlig unerwarteter Glücksfall, bei dem auch der Erzbischof Adalbert von Salzburg eine kleine Nebenrolle spielte: Es ergab sich nämlich inzwischen zum Missfallen des vor kurzem zum Kaiser gekrönten Heinrich VI., der noch zu Lebzeiten seines Vaters durch seine Krönung zum König zum Ärger des Papstes gleichzeitig die Herrschaft über Italien antrat, dass nun Tankred,

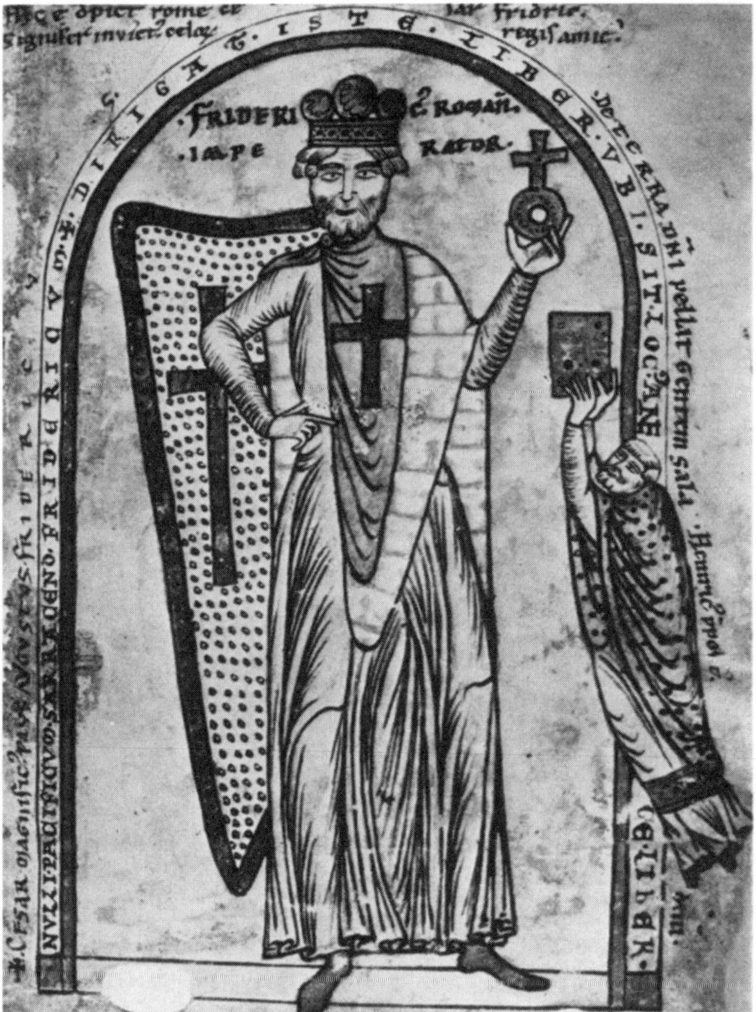

Kaiser Friedrich Barbarossa als Kreuzfahrer.
Miniatur aus dem Kloster Schäflarn von 1188.

der Halbbruder des letzten normannischen Königs von Sizilien, auf Wunsch des Heiligen Vaters als dessen Nachfolger auserkoren wurde. Dieser war sich natürlich seiner schwachen Position dem Kaiser gegenüber bewusst und ging deshalb nach Zahlung einer aus sizilischen Staatsgeldern stammenden enormen Geldsumme

Gefangennahme des verkleideten englischen Königs Richard Löwenherz.
Ebulo Handschrift 1197.

mit Richard Löwenherz, dem König von England, ein Schutzbündnis ein. Richard I. Löwenherz (1189–1199), der am dritten Kreuzzug teilgenommen hatte und auf der Rückreise vor Venedig Schiffbruch erlitt, versuchte unterdessen auf dem Landweg die Heimat zu erreichen. Als Kaufmann verkleidet, wählte er den Weg über Österreich und hoffte, unerkannt bis Sachsen zu kommen, wo sich seine welfischen Verwandten befanden. Durch die fremde Sprache und sein hochmütiges Auftreten wurde er jedoch in dem damaligen Wiener Vorort Erdberg aufgegriffen. Der von Richard während dieses dritten Kreuzzuges bei den Kämpfen um Akkon beleidigte Babenberger Herzog Leopold V. von Österreich ließ ihn festnehmen und übergab den Gefangenen seinem Ministerialen Hadmar von Kuenring, der ihn auf der Burg Dürnstein in Gewahrsam nahm. Pflichtgemäß benachrichtigte der Herzog Kaiser Heinrich VI. von der Festnahme Richards und beide wurden sich rasch einig in der Meinung, die Freilassung des englischen Königs müsse viel Geld einbringen. Die Summe, die man auf diese Weise England abpresste, konnte sich in der Tat sehen lassen: hunderttausend Mark in Silber, fast zwei Milliarden Euro nach heutigem Geld, forderte Kaiser Heinrich VI. als Ersatz für

Die Ruine der Burg Dürnstein in der Wachau

die von Tankred an den englischen König ausgehändigten sizilischen Staatsgelder. Gleichzeitig machte er sich auf diese Weise die widerspenstigen Fürsten in Anbetracht der nun sprudelnden Geldmittel gefügig, unter ihnen vor allem die mächtige welfische Partei, mit der er vom Beginn seiner Regierung an seine liebe Not

Erstürmung von Akkon im dritten Kreuzzug

hatte. Mit diesem Faustpfand in der Hand einigten sich die staufischen und welfischen Parteien in Deutschland, was durch die endliche Aussöhnung des Kaisers mit dem welfischen Heinrich dem Löwen sichtbaren Ausdruck fand. Nach der ursprünglichen Weigerung des Kaisers, von der erpressten Geldsumme auch an Herzog Leopold etwas abzugeben, erhielt der Babenberger letzten Endes dann doch die Hälfte des Lösegeldes. Das Schicksal wollte es, dass Erzbischof Adalbert von Salzburg nochmals als Vermittler die Bühne des Geschehens betrat: Zwei Jahre nach der Freilassung der englischen Geiseln musste sich der Babenberger Herzog Leopold V. von Österreich nach einem Sturz vom Pferd ein Bein amputieren lassen, was seinen baldigen Tod bedeutete. Der um sein Seelenheil bangende Leopold, den zwei Jahre zuvor Papst Coelestin III. (1191–1198) exkommuniziert hatte, weil er den allen Kreuzfahrern gewährten besonderen Schutz der Kirche durch seine Erpressung mit einer maßlosen Summe von Geld missachtet und damit den „Gottesfrieden" gebrochen hatte, bat Adalbert von Salzburg um Hilfe. Er gelobte, die verbliebenen viertausend Silbermark zurückzuerstatten, sollte seine Exkommunikation aufgehoben werden. Adalbert kam und hob den Fluch der Kirche auf, sodass nun Leopold ruhigen Gewissens sterben konnte. Die restlichen 4000 Silbermark wurden freilich nie zurückgezahlt.

Als im Alter von nur sechsunddreißig Jahren Kaiser Heinrich VI. in Sizilien der Ruhr zum Opfer fiel, entstand in Deutschland ebenso wie in Italien eine Art Bürgerkriegszustand, der im Nachfolgestreit zwischen den Staufern und den Welfen zu einer Doppelwahl führte, deren beide Kandidaten allerdings noch vor einer Entscheidung gewaltsam aus dem Leben schieden. Der eine wurde von einem Grafen erstochen und der andere fiel im Kampf mit seinen Gegnern. Dieser unselige Thronstreit zeigt nur zu deutlich, wie die königliche Machtstellung nicht mehr ausschließlich von der Loyalität der in Deutschland dominierenden Landesfürsten abhängig war, sondern zunehmend auch vom Ausland mitbestimmt wurde, allen voran von Papst Innozenz III., der bedeutendsten Persönlichkeit in einer Zeit der völligen Umgestaltung der politischen Verhältnisse in Mitteleuropa.

Innozenz III. (1198–1216) verkörperte den Prototyp eines Herrschaftspapstes, der neben seiner Kämpfernatur auch über eine her-

Bücherverbrennung beim Kreuzzug gegen die „ketzerischen“ Albigenser im Jahr 1209.

vorragende staatsmännische Begabung sowie über eine fundierte juristische Ausbildung verfügte. Sein Selbstverständnis als „Stellvertreter Christi" sprengte alle Grenzen. Als gebildeter Jurist verstand er es meisterhaft, aus den Schwächen des deutschen Königtums Kapital zu schlagen und als Schiedsrichter zwischen den Staufern und Welfen endgültig Einfluss auf die deutsche Königswahl zu gewinnen, indem schließlich die Fürsten auf apostolisches Geheiß dem jungen Staufer Friedrich II. (1212–1250) zur Macht verhalfen. Leider wurde unter Papst Innozenz III. auch zum ersten Mal christliche Bekehrung durch Ausrottung ersetzt, wie sein unter dem Banner des Kreuzes im Namen Christi geführter Kreuzzug gegen die christlichen Albigenser im südfranzösischen Languedoc beweist, der zum blutigsten Feldzug des Mittelalters von Christen gegen Christen wurde.

Unter dieser mächtigen katholischen Regierung in Rom trat im Jahr 1200 Eberhard II. (1200–1246), Graf von Regensberg, sein Amt als Erzbischof von Salzburg an, wenngleich seine politische Tätigkeit erst unter dem nachfolgenden, fast noch konservativeren Papst Gregor IX. (1227–1241) begann, der die Linie seines Vorgängers Innozenz nicht nur fortsetzte, sondern verschärfte. Mit ihm begann ja der eigentliche Terror der römischen Kirche. Denn er war es, der die unselige Bulle veröffentlichte, mit welcher die Heilige Inquisition ins Leben gerufen wurde. Dieser streitbare, unversöhnliche Papst war es auch, der über Kaiser Friedrich II. den Bann verhängte, nur weil dieser wegen einer in seinem Heer ausgebrochenen Seuche seinen begonnenen Kreuzzug abbrechen musste. Obwohl die Mehrzahl der deutschen Fürsten, auch der wackere Fürsterzbischof Eberhard in Salzburg, mit diesem harten und unverständlichen Vorgehen nicht einverstanden waren, verhielt sich der störrische alte Papst auch dann noch unnachgiebig, als der Kaiser in einem zweiten Anlauf den unterbrochenen Kreuzzug wieder aufnahm. Es wurde deshalb mit Genugtuung vernommen, dass Friedrich II. mit großem diplomatischen Geschick nach friedlicher Übereinkunft mit den Muselmanen, ohne verlustreiche Kämpfe bestehen zu müssen, Jerusalem mit Bethlehem, Nazareth und der zugehörigen Küste als Königreich zurückgewinnen konnte. Was aber Gregor IX. und seine ihn umgebenden Glaubensfanatiker sicher nur zähneknirschend zur Kenntnis nehmen mussten, war die schockierende Nachricht, dass sich nach seinem Sieg im Heiligen Land der exkommunizierte Friedrich II. auch noch die davidische Königskrone in Jerusalem selbst aufs Haupt setzte. Für den Kaiser, den Enkel Barbarossas, war dieser Akt sicher nichts Ungewöhnliches. Aufgewachsen in der prickelnden Atmosphäre von Palermo, dem Mittelpunkt jener einzigartigen Mischkultur griechisch-jüdisch-arabischen Charakters, war er es gewohnt, mit Unbefangenheit auch sarazenischen Verkehr zu pflegen. In Rom hingegen gelang es erst nach mühseligen Verhandlungen mit weltlichen und geistlichen Würdenträgern, unter denen Erzbischof Eberhard II. eine führende Rolle als Fürsprecher für den Kaiser spielte, den unflexiblen und starren Papst zum Einlenken zu bewegen. Das mutige Auftreten des Salzburger Kirchenfürsten vor Gregor IX. war für alle so beeindruckend, dass man ihm übereinstimmend das Privileg überließ, beim offiziellen Friedensschluss zwischen Kaiser und Papst im Dom von San Germano den Standpunkt Friedrichs II. in einer feierlichen und überzeugenden Rede darzulegen. Selbst der alte Papst konnte nicht umhin, Erzbischof Eberhard von Salzburg ein großes Lob zu spenden und zum Zeichen seines Einverständnisses den Bann über den Kaiser zu lösen.

Diese Absolution hatte der Kaiser dringend nötig. Sein Sohn König Heinrich VII. (1220–1235) war nämlich allein den Schwierigkeiten innerhalb Deutschlands nicht gewachsen. Den Reichsfürsten, die dem Kaiser während seines Konfliktes mit dem Papst Schützenhilfe leisteten, wurde es dadurch möglich, ihre Positionen im Reich wesentlich zu festigen. Unter der tatkräftigen Mitwirkung des Salzburger Metropoliten gelang es ihnen, ein Reichsgesetz zu beschließen, das sich eindeutig zugunsten einer fürstlichen Territorialpolitik aussprach. Damit war eine weit gehende Unabhängigkeit der Fürsten von Kaiser und Reich besiegelt, sodass von nun an die Regentschaft, die der Kaiser in Deutschland vorläufig noch seinen beiden Söhnen Konrad und Heinrich übertragen hatte, bald nur noch dem Namen nach Bestand hatte. Nur mit Hilfe der geistlichen Reichsfürsten war es dem Kaiser möglich, 1220 die Wahl seines Sohnes zum deutschen König Heinrich VII. durchzusetzen, und auch das nur durch Opferung einer Reihe wichtiger Hoheitsrechte in den von ihnen regierten Ländern.

Folterkammer für die „peinliche“ Befragung von Ketzern oder Hexen.

Schon bald standen der junge König Heinrich und der Erzbischof von Salzburg in einem hervorragenden Einvernehmen. So verurteilten beide in schärfster Form die zunehmend um sich greifenden brutalen Übergriffe der päpstlichen Inquisitoren. Als Papst Gregor IX. dies zu Ohren kam, forderte er deshalb vom Salzburger Metropoliten in einem geharnischten Schreiben, für ein härteres Vorgehen der dominikanischen Inquisitoren bei ihren Verhören zu sorgen. Erzbischof Eberhard, dessen mutiges Auftreten schon geschildert wurde, erteilte der vom Papst geforderten extremen Haltung bei der Ketzerverfolgung umgehend eine deutlich sichtbare Absage: Demonstrativ hatte er einen in seiner Diözese von einem besonders fanatischen Inquisitor durch entsetzliche Folter zu einem Geständnis gezwungenen „Ketzer" kurzerhand freigesprochen, was ihm postwendend einen neuerlichen strengen Verweis aus Rom einbrachte. Während jedoch der geistliche Würdenträger Eberhard von persönlicher Strafandrohung durch den Papst verschont blieb, geriet der junge König Heinrich VII. wegen seiner ebenfalls äußerst lauen Haltung bei der Ketzerverfolgung in einen folgenschweren Konflikt mit seinem Vater, der erstaunlicherweise den extremen Kurs Roms unterstützte. Diese unerwartete Haltung des Vaters veranlasste den Sohn, sich mit den reichsfeindlichen, vom Papst geförderten Lombardenstädten zu verbünden, was schließlich in eine offene „Empörung" gegen den Kaiser eskalierte. Um das Vorgehen Friedrichs II. zu begreifen, der an sich als Mensch eigentlich nicht zu einem Ketzerverfolger geschaffen war, muss man wissen, dass sich seine harten Ketzergesetze nicht so sehr gegen Ungläubige, sondern in erster Linie gegen staatsfeindliche Rebellen richteten. Es war deshalb auch nicht die von der Kirche gerügte nachlässige Haltung König Heinrichs VII. bei der Ketzerverfolgung, sondern die angezettelte Rebellion des Sohnes gegen den Kaiser, welche ihn veranlasste, im Reichstag zu Worms seinen eigenen Sohn in Anwesenheit des Salzburger Erzbischofs und anderer Reichsfürsten zu einer lebenslangen Kerkerhaft in einer kalabresischen Burg zu verurteilen. Dem Salzburger Metropoliten wurde die bemitleidenswerte Aufgabe übertragen, den Verurteilten bis in sein süditalienisches Verlies zu begleiten, wo Heinrich nach siebenjähriger Schmach durch Selbstmord endete.

Diesen familiären Konflikt im Kaiserhaus wollte der Babenberger Herzog Friedrich II. „der Streitbare" (1230–1246) nützen, um durch gewaltsame Ausgliederung Ungarns aus dem österreichisch-steirischen Doppelherzogtum ein unabhängiges Königreich zu schaffen. Der soeben aus Italien zurückgekehrte Kaiser sprach sich jedoch entschieden gegen einen solchen Angriff auf Ungarn aus, was der Babenberger Herzog einfach zu ignorieren beschloss, wodurch eine gefährliche Krise heraufbeschworen wurde. Da Vermittlungsversuche Erzbischof Eberhards im Auftrag des Kaisers ohne Erfolg blieben, beschloss Friedrich II., begleitet vom Salzburger Erzbischof, mit seinem Heer nach Wien zu marschieren, das Doppelherzogtum kurz entschlossen als sein Eigentum zu erklären und damit den Babenberger schachmatt zu setzen. Es scheint wieder einmal dem diplomatischen Geschick Eberhards II. zu danken gewesen sein, dass es letztendlich doch noch zu einem friedlichen Ausgleich des Kaisers mit dem Babenberger kam. Der Salzburger Metropolit nahm anschließend an der Wahl von Konrad IV. (1250–1254), dem zweiten Sohn des Kaisers, zum römisch deutschen König teil, die gemeinsam mit anderen Fürsten in Wien gefeiert wurde, um dann noch mehrere Monate am kaiserlichen Hof zu verbringen.

In der Hoffnung, im Endkampf gegen den staufischen Kaiser Friedrich II., den letzten gefährlichen und persönlich bedeutendsten Gegner des Cäsaropapismus, endlich zu siegen, hetzte Papst Gregor IX. in seinem unversöhnlichen Fanatismus die zum

Die Salzburger Kirchenprovinz am Ende des Mittelalters, nach H. Dopsch, Grafik: S. Haas-Ortner

Widerstand gegen das Deutsche Reich allzeit bereiten Lombarden zur offenen Empörung gegen den Kaiser auf, den er gleichzeitig neuerlich exkommunizierte. Doch diesmal blieb die Wirkung des Bannstrahles gegen Friedrich II. weitgehend aus, wozu nicht unwesentlich ausgerechnet der Salzburger Erzbischof beitrug. Er unterließ es nämlich, übereinstimmend mit seinen Suffragan-Bischöfen, die vom Papst ausgesprochene Exkommunikation des Kaisers öffentlich zu verkünden, wodurch Eberhard neuerlich beim Oberhaupt der Christenheit in Ungnade fiel. Da er jedoch bereits vor Jahren wegen Hilfestellung bei einer ehelichen Verbindung zwischen den Familien der Babenberger und der Staufer vom Papst mit dem Kirchenbann belegt wurde, ließ ihn die neuerliche scharfe Rüge kalt. Er ließ Seiner Heiligkeit ausrichten, dass er und seine Suffragane „als geistliche Fürsten sowohl der Kirche als auch dem Reich verpflichtet seien und sie deshalb den Kaiser, für dessen demütige Haltung sie sich verbürgten, nicht ohne Verletzung ihrer Treuepflicht verlassen könnten".

Der Kurie zum Trotz trat Friedrich II. nun als Haupt der weltlichen Fürstenschaft und als cäsarischer Friedensbringer auf. Doch der neue Papst, der Genueser Innozenz IV. (1243–1254), nahm den römischen Oberherrschaftsanspruch mit berechnender Zähigkeit und einer völlig neuen Skrupellosigkeit auf. Neben seinem Streben nach universaler Macht des Papsttums bestand auch sein Anliegen nach wie vor in der Ketzerverfolgung, die er dadurch grausam verschärfte, als er nun den dominikanischen Inquisitoren zur rascheren und wirksameren Erpressung der erwünschten Geständnisse mit ausgesprochener päpstlicher Billigung die systematische Folter der bedauerlichen Opfer anordnete. Als nach den gescheiterten Verhandlungen mit Friedrich der Kaiser in Rom einmarschierte, flüchtete der Papst in das französische Lyon, wo er sich des westeuropäischen Schutzes gewiss war, und berief dorthin ein allgemeines Konzil ein, wo er Friedrichs Absetzung aussprach. Während zu diesem Konzil das salzburgische Domkapitel vollzählig erschien, hatte Innozenz IV. Erzbischof Eberhard II. wegen des auf ihm lastenden Kirchenbannes erst gar nicht eingeladen. Dieser nahm diesen öffentlichen Affront jedoch gelassen hin und begab sich ostentativ stattdessen nach Verona, wo der Kaiser zum gleichen Zeitpunkt Hoftag abhielt. Nachdem Eberhard wieder in sein Erzbistum zurückgekehrt war, weigerte er sich, die vom Papst in Lyon verkündete Absetzung des Kaisers der Öffentlichkeit bekannt zu machen, und er beteiligte sich auch nicht an der vom Papst geforderten Neuwahl eines deutschen Gegenkönigs. Diese Standfestigkeit des Salzburger Erzbischofs, eines der bedeutendsten geistlichen Reichsfürsten, ließ ihm das Schicksal zuteil werden, als ein vom Papst verfluchter höchster Würdenträger in ungeweihter Erde an einem unbekannten Ort nahe Altenmarkt im Pongau verscharrt zu werden, nachdem man seinen in eine Tierhaut eingenähten Leichnam 50 Jahre lang auf dem Dachboden eines Holzschuppens versteckt gehalten hatte. Der demütigende Bannfluch des Papstes konnte jedoch nicht verhindern, dass Erzbischof Eberhard II. für die Nachwelt als jene Persönlichkeit für immer in Erinnerung bleiben wird, der eigentliche „Gründer des Landes Salzburg" gewesen zu sein. War er doch seit seiner Einsetzung als geistlicher Landesherr Salzburgs im Jahr 1200 unablässig bemüht, sein Hoheitsgebiet zu erweitern und abzurunden. Ein erster Schritt in diese Richtung war die Übergabe sämtlicher noch reichsunmittelbarer Besitzungen im Lungau durch Kaiser Friedrich II. Es folgte nach jahrelangen Verhandlungen mit dem bayerischen Herzog die Eingliederung des gesamten Pinzgaues und schließlich der Erwerb des Gasteinertals und des Pongaus. Mit der Gründung des „Landes Salzburg" im Vertrag von Altenbuch vom Jahr 1228 schuf Eberhard II. auf diese Weise für seine kommenden Nachfolger ein Territorium, das abgerundet und groß genug war, um in der europäischen Politik als Machtfaktor gelten zu können.

Mit dem Tod Kaiser Friedrichs II. brach die staufische Herrschaft endgültig zusammen, ohne dass es ihm zuvor noch gelang, seine Pläne einer absolutistischen Beherrschung Italiens und der Bildung einer starken süddeutschen Hausmacht durchzusetzen. Stattdessen hinterließ er ein zerstückeltes, blutendes Italien, ein im Föderalismus sich auflösendes Deutschland und eine triumphierende Papstkirche. Für diesen Sieg über die Staufer musste das Papsttum allerdings teuer bezahlen. Da nämlich zur gleichen Zeit die päpstliche Autorität eine deutliche Schwächung erfuhr, wagten es römische Adelscliquen wieder, sich in Rom breit zu machen und die ihres kaiserlichen Schutzes beraubte päpstliche Herrschaft im Kirchenstaat auszuhöhlen.

## ERSTE KONTAKTE MIT HABSBURG

Rudolf I. von Habsburg.

Im Oktober 1273 entschieden sich die deutschen Kurfürsten bei ihrer Königswahl in Frankfurt am Main nach längeren Beratungen für den Grafen Rudolf von Habsburg (1218–1291). Es handelte sich bei diesem Kandidaten keineswegs um einen „kleinen, armen Grafen", wie ihn König Ottokar von Böhmen gerne bezeichnete. Vielmehr war er der vermögendste und wohl auch erfolgreichste Territorialherr im Südwesten Deutschlands, wenngleich nicht so mächtig wie der Böhmenkönig. Aber gerade dieser Umstand dürfte für die Kurfürsten ausschlaggebend gewesen sein, Rudolf den Vorzug zu geben, wenngleich durch diese Wahl der beginnende Machtkampf mit König Ottokar schon wenige Jahre nach Beendigung des „Interregnums", dessen gesetzlose Wirren ein Vierteljahrhundert lang im Reich durch das „Faustrecht" gekennzeichnet waren, sichtbar wurde. Ottokar II. (1253–1278) war zweifellos damals der mächtigste Reichsfürst, der die babenbergischen Lande Österreich und Steiermark an sich gebracht hatte. Dieser mächtige Potentat wurde nun vom neugewählten König Rudolf – dessen Persönlichkeit weder glänzend noch irgendwie pathetisch war und der vorwiegend damit beschäftigt war, sein Geld gut anzulegen und seine Töchter zielbewusst zu verheiraten – aufgefordert, um die Neubelehnung der auf ihn vergebenen Reichslehen anzusuchen. Ein solches hochmütiges Ansinnen lehnte Ottokar, der als mächtigster Kurfürst die deutsche Krone eigentlich für sich erhoffte, entrüstet ab, was die Verhängung der Reichsacht zugleich mit der Kriegserklärung des Reiches gegen ihn zur Folge hatte.

In jene spannungsgeladene Zeit fiel die Regierung des Erzbischofs Friedrich von Walchen (1270–1284), dem als Salzburger Metropolit, wie Dopsch schreibt, die Rolle zufiel, „als einer der großen mittelalterlichen geistlichen Fürsten zum letzten Mal in der Geschichte Salzburgs durch sein leidenschaftliches Eintreten für die Habsburger entscheidend in die europäische Entwicklung einzugreifen". So sehr man auch seinen Mut und seine Entschlossenheit, mit der er vorging, bewundern muss, so war er andererseits mit seinem Vorgehen dafür verantwortlich, der Umklammerung des geistlichen Fürstentums Salzburg durch habsburgische Besitzungen Vorschub geleistet zu haben, was am Ende schließlich das völlige Aufgehen Salzburgs in das habsburgische Österreich mit sich brachte.

Am Beginn seiner Regierung war Erzbischof Friedrich vornehmlich darum bemüht, mit dem mächtigsten Fürsten im Südosten des Reiches, dem König von Böhmen, ein Auskommen zu finden. Als einziger der geistlichen Reichsfürsten begab er sich deshalb vorsätzlich auch zu einer Versammlung nach Prag, wo er tatkräftig daran mitwirkte, für die Einhaltung des zwischen Böhmen und Ungarn vereinbarten Friedens zu sorgen. Gleichzeitig versuchte Friedrich aber auch, als erster der von Ottokar abhängigen Fürsten eine enge Verbindung auch mit dem neu gewählten deutschen König Rudolf I. aufzunehmen, der ihm schon bei der ersten Zusammenkunft den ausdrücklichen Schutz des Reiches zusicherte. Dies konnte Ottokar nicht verborgen bleiben, weshalb er den Salzburger Erzbischof umgehend nach Prag zitierte, wo er ihm in einer ernsten Auseinandersetzung kategorisch verbot, sich mit dem Reich gegen ihn zu verbünden. Zum Unterschied von den Bischöfen von Passau und von Regensburg, die ein solches ähnlich lautende Verbot willfährig zur Kenntnis nahmen, weigerte sich Erzbischof Friedrich zunächst hartnäckig, dem Machtanspruch des

Ottokar II. von Böhmen.

böhmischen Königs zu entsprechen. Erst als auf Befehl Ottokars seine Söldner fast alle salzburgischen Besitzungen in dessen Machtbereich erobert und geplündert hatten, konnte Friedrich das Erzstift als sein Kernland nur noch dadurch retten, dass auch er – wenn auch nur zum Schein – dem Böhmenkönig sich zu unterwerfen bereit war.

Mittlerweise verschlechterte sich die Position Ottokars rapide. Indem er nämlich nach Verhängung der Reichsacht durch König Rudolf die Frist von einem Jahr, die ihm zur Rechtfertigung vor der Verkündung der Aberacht gegen ihn eingeräumt wurde, tatenlos verstreichen ließ, trat die Aberacht gegen den König von Böhmen in Kraft. In dem nun beginnenden Krieg schlug sich der Salzburger Erzbischof von Beginn an als einziger der im Machtbereich Ottokars stehenden Reichsfürsten auf die Seite des Habsburgers und beeilte sich, dem gegen den Böhmenkönig ziehenden Reichsheer ein schlagkräftiges Truppenkontingent aus Salzburg zuzuführen. Als schon vier Wochen später vor den Toren der ottokartreuen Stadt Wien in Gegenwart des Salzburger Erzbischofs ein Frieden geschlossen werden konnte, in welchem Ottokar auf Österreich, die Steiermark, Kärnten und Krain verzichten musste, erhielt Friedrich als Dank für die treue Hilfeleistung von König Rudolf das für die spätere Landeshoheit so wichtige Recht der Blutgerichtsbarkeit in seinem gesamten Hochstift. Als Gegenleistung bedachte der Erzbischof die beiden Söhne Rudolfs, Albrecht und Hartmann, mit den salzburgischen Lehen in Österreich und in der Steiermark.

Friedrich bewies aber auch späterhin dem König seine unverbrüchliche Treue und bot ihm Unterstützung an, wann immer er sie benötigte. So besiegelte er das für den glücklichen Ausgang des zweiten Feldzuges gegen Ottokar wichtige Bündnis König Rudolfs mit dem ungarischen König Ladislaus IV. (1272–1290) in Wien. Wenn er auch bei der entscheidenden Schlacht bei Dürnkrut aus Altersgründen nicht mehr persönlich teilnehmen konnte, so trug er mit seinen dreihundert schweren Reitern aus Salzburg seinen Teil zur Stärkung des Reichsheeres bei. Seine eigene Person stellte er im Dienste des Habsburgers dann in seiner Funktion eines Schiedsrichters während der anschließenden Friedensverhandlungen zur Verfügung, die das jahrzehntelange Streben der Przemysliden nach einer Herrschaft über einen böhmisch-donauländisch-karpatischen Großraum beendeten.

Rudolf I.

Dem weitsichtig denkenden Erzbischof konnte es natürlich nicht entgehen, dass durch die Ausweitung des Machtbereiches der habsburgischen Dynastie im Südosten des Reiches in Zukunft nachbarliche Differenzen auch für das Erzstift nicht ausgeschlossen werden konnten. Friedrich schien es deshalb aus Sicherheitsgründen sinnvoll, sich mit dem Herzog im benachbarten Bayern durch ein gemeinsames Schutzbündnis gegenüber dem habsburgischen Herzog Albrecht, den sein Vater mit den babenbergischen Ländern belehnte, abzusichern. Als König Rudolf I. davon Wind bekam, beeilte er sich nach dem Tode Friedrichs, seinen Hofkanzler Rudolf von Hoheneck (1284–1290) zum neuen Erzbischof von Salzburg einzusetzen, von dem er überzeugt war, als treuer Anhänger des habsburgischen Hauses einen Verbündeten an der Seite seines Sohnes Albrecht zu wissen. Diese Hoffnung erwies sich jedoch schon sehr bald als trügerisch. Es stellte sich nämlich rasch heraus, dass mit den strittigen Ansprüchen um Besitzungen in der Steiermark die Interessen Herzog Albrechts von Österreich mit jenen des Salzburger geistlichen Landesfürsten Rudolf in einen gefährlichen Gegensatz gerieten. Als dieser bei einer Synode in Salzburg für alle Prälaten seiner Kirchenprovinz ein Verbot aussprach, sich in die Dienstbarkeit eines weltlichen Landesfürsten zu begeben, löste dies sogar eine kriegerische Auseinandersetzung mit Herzog Albrecht aus. Der in militärischen Belangen offensichtlich völlig unerfahrene Erzbischof wiegte sich im falschen Glauben, unter Mithilfe von bayerischen und schwäbischen Söldnern die Differenzen rasch bereinigen zu können. Hier versagte der Glaube und der streitbare Kirchenfürst musste infolge der militärischen Überlegenheit Herzog Albrechts sehr schnell kleinlaut beigeben.

Doch der Salzburger Erzbischof gab nicht so ohneweiters auf und hoffte auf eine günstige Gelegenheit, sein Ziel doch noch zu errei-

Albrecht I.

chen. Da kam ihm der Tod König Rudolfs zupass, der seinen Sohn Albrecht als Nachfolger auf dem Thron des deutschen Königs vorgesehen hatte. Nun zeigte sich aber, dass die Kurfürsten nicht gewillt waren, die deutsche Königskrone automatisch mit der habsburgischen Dynastie weiter zu verknüpfen, weshalb man schließlich als Notlösung Adolf von Nassau wählte. Angesichts der so veränderten Kräfteverhältnisse im Hause Habsburg hoffte der Nachfolger des verstorbenen Salzburger Erzbischofs, Konrad IV. von Praitenfurt (1291–1312), ganz im Sinne seines Vorgängers durch ein Bündnis mit dem niederbayerischen Herzog ein bayerisch-salzburgisches Koalitionsheer aufzustellen und so dem österreichischen Herzog Albrecht erfolgreich begegnen zu können. Doch auch diesmal mussten sich die erfolglosen Verbündeten wieder fluchtartig zurückziehen, da sie diesem kriegserfahrenen Gegner nicht gewachsen waren. Die trotzdem fortgesetzte ständige Konspirationstätigkeit des Kirchenfürsten führte immer wieder zu kriegerischen Scharmützeln, bis sie endlich im Frieden zu Wien zwischen Herzog Albrecht und Erzbischof Konrad beigelegt werden konnten. Für den Habsburger war allerdings klar, dass der Salzburger Metropolit auch in Zukunft als sein Staatsfeind Nummer eins zu betrachten war. Doch die Politik bietet immer wieder Überraschungen: Als nach der Abwahl des inakzeptablen Adolf von Nassau nun doch der Sohn Rudolf von Habsburgs als Albrecht I. (1255–1308) den Königsthron bestieg, hatte von diesem Augenblick an für die Außenpolitik der Fürsterzbischöfe Salzburgs Österreich unangefochten als Bündnispartner den Vorrang. Erzbischof Konrad IV., vor kurzem noch Staatsfeind Nummer eins, wandelte sich jetzt zu einem verlässlichen Bundesgenossen, ja sogar zu einem persönlichen Freund König Albrechts.

# BABYLONISCHE GEFANGENSCHAFT UND SCHISMA DER PÄPSTE (1309–1417)

Mit Papst Bonifatius VIII. (1294–1303) besetzte ein rätselhafter Mensch den Stuhl Petri: ehrgeizig und mit einer aufreizenden Arroganz, der sein Hauptziel in der Brechung der französischen Vorherrschaft in Europa erblickte. Während Deutschland in den Kriegen zwischen Kaiser und Papst zerfiel, erhielt Frankreich durch die Kreuzzüge, an denen es führend beteiligt war, einen beachtlichen Machtzuwachs. Der zu jener Zeit dort regierende König Philipp IV. (1285–1314), genannt der Schöne, zielte in seinem Ehrgeiz auf eine Ausdehnung Frankreichs bis an den Atlantik, die Pyrenäen, das Mittelmeer und bis zu den Alpen. Die meiste Zeit dürfte er darauf verwendet haben, neue Steuern zu ersinnen und Geldmittel einzutreiben. Er vernichtete sogar den Tempelritterorden nur deshalb, um in den Besitz seines Vermögens zu gelangen. Schließlich besteuerte er, ohne vorher die Zustimmung des Papstes einzuholen, das Vermögen der Kirche, welche zu dieser Zeit ein Viertel des französischen Grundbesitzes zu eigen hatte. Dieser Gewaltakt erfolgte als Reaktion auf die Enttäuschung König Philipps, dass ihn Bonifatius nicht, wie versprochen, zum Kaiser krönte. Als der Papst im Gegenzug in gebieterischem Ton die bedingungslose Unterwerfung des französischen Königs unter das Zepter des Papstes forderte, betrachtete Philipp dies als eine Art Kriegserklärung. In dem berüchtigten „Attentat von Anagni", wo Bonifatius zur Erholung im Sommer zu residieren pflegte, ließ er zum Entsetzen der gesamten Christenheit den Papst gefangen setzen. Infolge dessen kurz darauf erfolgten Todes konnte der Plan Philipps, Bonifatius nach Frankreich zu entführen, nicht mehr zu Ende geführt werden. Wichtigste Folge dieses denkwürdigen Vorganges blieb jedoch der Bruch in der Geschichte des Papsttums, indem es nun in die vollkommene Abhängigkeit Frankreichs gelangte und schließlich sogar gezwungen wurde, seinen Regierungssitz von Rom nach Avignon zu verlegen.

Damit waren alle Bischöfe von jetzt an verpflichtet, zur Erlangung des Palliums den weiten Weg zur Kurie nach Avignon anzutreten.

Die unter Papst Benedikt XII. errichtete Festung in Avignon, die bis zum Ende des großen Papst-Schismas Hauptsitz der Päpste war.

Das galt natürlich auch für die Salzburger Erzbischöfe. Verschlangen schon die lange Reise und der dortige, oft Monate dauernde Aufenthalt große Geldsummen, so schwollen jetzt auch die Anspruche der Kurie an die finanziellen Bestände des Salzburger Erzstiftes beträchtlich an. Für das luxuriöse Leben der in dem riesigen Papstpalast zu Avignon residierenden Päpste, die Versorgung eines Molochs von dienstbaren Geistern und die großzügigen Geschenke an die weitverzweigte Verwandtschaft und an Kurtisanen der Päpste wurden immer mehr und mehr Gelder benötigt, die von der gesamten Christenheit aufgebracht werden mussten. Ihre Beschaffung regelte die Kurie durch die Forderung von so genannten „Annaten", einer Abgabe des Einkommens im ersten Halbjahr eines vom Papst verliehenen Amtes, sowie von so genannten

„Servitien“ von Bischöfen und Äbten mit einem Jahreseinkommen von mehr als hundert Goldgulden. Das Erzbistum Salzburg nahm in dem eigens dafür geschaffenen Taxregister der päpstlichen Kanzlei mit jährlich zehntausend Goldgulden den Spitzenplatz ein.

Erzbischof Konrad IV. war der erste Metropolit von Salzburg, der von diesen Bestimmungen betroffen war und dem es nun 1310 oblag, zur Aufbringung derart horrender Summen die Bevölkerung seines Landes empfindlich zu belasten. Doch nicht genug damit, zwangen auch außenpolitische Rückschläge den Landesherrn zu massiven Geldeintreibungen. Mit einem Feldzug gegen die bayerischen Herzöge, in welchem die unter Führung ihres Landesfürsten kämpfenden salzburgischen Truppen eine herbe Niederlage hinnehmen mussten, bahnte sich eine wahre Katastrophe an, da nicht nur die Schadensansprüche des Gegners, sondern auch die für die Auslösung der Gefangenen geforderten Summen die Herbeischaffung beträchtlicher Geldmittel notwendig machten. Erst nachdem es dem zu jener Zeit amtierenden Erzbischof Ortolf von Weisseneck (1343–1365) gelungen war, die schon unter seinen Vorgängern gepflegte enge und freundschaftliche Zusammenarbeit mit den habsburgischen Herzögen wieder aufzunehmen, konnte sich das Erzstift Salzburg endlich langsam erholen.

Diese politischen Querelen traten mit einem Schlag völlig in den Hintergrund, als sich in den Jahren 1347/48 eine Gefahr unermesslichen Ausmaßes aus dem Osten kommend auf Europa und damit auch auf das von Ortolf regierte Erzstift Salzburg zuwälzte, nämlich die Pest. Führt man sich das Ausmaß dieser Katastrophe vor Augen, so erscheint es eigenartig, dass eigentlich bis heute keine Einigkeit darüber besteht, wie sie begann. Sicher ist nur, dass die Krankheit von Asien aus nach Europa eindrang. Die zur Zeit wahrscheinlichste Theorie nimmt an, dass die ersten Europäer, die sie übertrugen, Genueser waren, die nach der Belagerung ihrer Festung Kaffa auf der Halbinsel Krim in den Westen zurückkehrten. Sie berichteten nämlich, dass die mongolischen Belagerer plötzlich von einer fremdartigen Krankheit befallen worden seien, die bei den Opfern schwarze, blutende Schwellun-gen und unerträgliche Schmerzen hervorrief, bis sie daran starben. Die verzweifelten Mongolen schleuderten die verwesenden Kadaver ihrer eigenen Toten mit Hilfe eines Katapults über die Stadtmauern; und als es 1347 einer kleinen Gruppe genuesischer Überlebender gelang, aus Kaffa zu entkommen, wütete auch unter ihnen bald die furchtbare Plage. Der „schwarze Tod“, der zuvor Asien gnadenlos heimgesucht hatte, kam so auch nach Europa.

Vor Jahresende hatte er das Festland erreicht, zuerst Pisa, Genua und Marseille, um sich 1348 nach Norden auszubreiten und schließlich den ganzen Kontinent bis zu seinen äußersten Winkeln heimzusuchen. Als die Epidemie 1353 abflaute, hatte sie in Europa mehr als zwanzig Millionen Opfer gefordert. Heute wissen wir, dass es sich bei der Beulenpest um eine Krankheit handelt, deren Erreger aus dem Magen eines Flohs auf Ratten, aber auch auf Menschen übertragen werden, weshalb es die beste Strategie gewesen wäre, möglichst alle Ratten zu vernichten und Orte zu meiden, wo sie sich bevorzugt aufhalten. Stattdessen töteten die meisten Menschen Hunde und Katzen in der Meinung, diese würden die Infektion übertragen. Anstatt aufs Land zu fliehen, wie dies während der Pestepidemie Boccaccio in seinem „Decamerone“ erwähnte, blieben die meisten in ihren Häusern, wo sich die Ratten bevorzugt aufhielten. Wir sind über die Zahl der Opfer in Salzburg während des Höhepunktes im Jahr 1349 nur spärlich unterrichtet. Wir wissen nur, dass ähnlich wie in vielen anderen deutschen Städten auch in Salzburg die Wahnvorstellung Platz griff, die Juden seien für diese schreckliche Plage verantwortlich, da sie „aus Rache an den Christen“ begonnen hätten, die Brunnen zu vergiften. Trotz eines strengen Verbotes durch Kaiser

Strafprozession von Flagellanten aus dem Jahr 1349, welche weitere Schrecken der Pestepidemie abwenden sollte.

Karl IV. (1346–1378) und einer von Papst Clemens VI. (1342–1352) erlassenen Bulle überschwemmten in Europa überall Judenverfolgungen grauenvoller Art die Lande. Der Salzburger Erzbischof hat hier als Landesherr leider völlig versagt, ja man verfolgte die Juden im Erzstift mit Feuer und Schwert sogar mit ausdrücklicher Billigung des Erzbischofs. Einer Chronik zufolge wurden im Bayerischen und Salzburgerischen mehr als 1200 Juden jeglichen Alters und Geschlechts damals umgebracht.

Außenpolitisch war für Salzburg das wichtigste Ereignis in der Regierungszeit Erzbischof Ortolfs zweifellos sein Beitrag zum Erbvertrag zwischen Herzog Rudolf IV. von Österreich und der immens reichen Gräfin Margarete Maultasch (1318–1369), in welchem die Erwerbung Tirols durch das Haus Habsburg bestätigt wurde. Dass diese Gebietserweiterung ohne gröbere Schwierigkeiten möglich gemacht wurde, hatten die Habsburger tatsächlich vornehmlich dem persönlichen Einsatz des Salzburger Erzbischofs zu danken, der mit diesem Beitrag erreichen konnte, dass nun die Habsburger mit dem Erwerb Tirols endgültig gestärkt aus dem Ringen mit den Wittelsbachern hervorgingen.

Man weiß nicht genau, warum der nachfolgende Erzbischof Pilgrim II. von Puchheim (1365–1396) dieses nun schon seit Jahrzehnten bewährte Bündnis mit Österreich aufgab und es durch einen Vertrag mit Bayern ersetzte. Er ging sogar so weit, dass er einen Feldzug der Wittelsbacher gegen den Kaiser mit einem berittenen Kontingent aus Salzburg zu unterstützen bereit war. Wegen dieses eigenmächtigen politischen Kurses wurde Pilgrim beim Papst als Reichsfeind verklagt, weshalb dieser dem Salzburger Oberhirten befahl, sich ohne Widerrede dem Urteilsspruch des Kaisers zu beugen und das Bündnis mit Bayern sofort aufzukündigen. Durch einen solchen massiven Druck von höchster Stelle hielt es Pilgrim doch für opportuner, sich in Zukunft wieder auf die Seite der Habsburger zu schlagen.

Es ist wohl den in Avignon verbrachten Studienjahren Pilgrims zuzuschreiben, dass er als Erzbischof enge Beziehungen zur dortigen französisch dominierten Kurie weiterpflegen wollte. Um diese freundschaftlichen Beziehungen zu Avignon auch zum Fundament seiner künftigen Politik auszubauen, war ein erster Schritt in diese Richtung der Plan, den in Österreich regierenden Herzog Leopold III. zur Parteinahme für den franzosenfreundlichen, in Avignon residierenden Papst

Margarete Maultasch, Gräfin von Tirol (1318–1369)

Clemens VI. (1378–1394) zu gewinnen, was ihm auch tatsächlich gelang. Nun war allerdings ausgerechnet dieser Papst für einen, den Habsburgern nahe stehenden Kirchenfürsten wie Pilgrim nicht gerade der geeignetste Verbündete, da Clemens VI. offen für Frankreich Partei nahm. Die politische Linie des Salzburger Erzbischofs musste deshalb vor dem gleichzeitig in Rom residierenden Papst Urban VI.

Erzbischof Pilgrim II. von Puchheim (1365–1396), abgebildet auf seinem großen Thronsiegel.

(1378–1389) nach Tunlichkeit verborgen bleiben, da dieser engste Beziehungen mit dem deutschen König Wenzel (1378–1400) aus dem luxemburgischen Haus pflegte. Diese Vorsicht bewährte sich schon beim Empfang der so wichtigen Regalien des Erzbischofs durch den neu gewählten König Wenzel. Erreichte Pilgrim doch bei dieser Gelegenheit für das Erzstift das wichtige Privileg, wonach keiner seiner Untertanen mehr vor ein fremdes Gericht zitiert werden durfte, was natürlich eine enorme Stärkung der weltlichen Herrschaft der geistlichen Fürsten des Landes Salzburgs bedeutete.

Die enge Bindung an das Haus Habsburg brachte Pilgrim in außenpolitischer Hinsicht Vorteile, von denen letztlich auch die Habsburger selbst profitierten. So trug in der kriegerischen Auseinandersetzung, bei der es um die Gebietsansprüche Bayerns auf die Propstei Berchtesgaden und die Salzproduktion in Reichenhall ging, zum Erfolg der Salzburger die Waffenhilfe der verbündeten Österreicher ganz entscheidend bei. Andererseits erhielt der österreichische Herzog zur Abwehr von Gebietsansprüchen Venedigs wertvolle Unterstützung durch ein salzburgisches Truppenkontingent unter dem persönlichen Kommando des Erzbischofs, der sich übrigens laut des Berichts eines zeitgenössischen Chronisten bei diesen Kämpfen durch besondere Tapferkeit ausgezeichnet haben soll. Diesmal trug Salzburg wesentlich dazu bei, dass der Besitz von Triest für die Habsburger gesichert werden konnte.

Unglücklicher verlief hingegen ein riskantes Unterfangen des Erzbischofs, indem er zur Absicherung gegen das übermächtige benachbarte Bayern ein geheimes Schutzbündnis mit dem Schwäbischen Städtebund einging. Diese geheime Vereinbarung erreichte leider schon sehr bald die Ohren der Herzöge von Ober- und Niederbayern, was zwangsläufig eine feindliche Front der Fürsten auf den Plan rief. Um das Vorhaben Pilgrims zu durchkreuzen, heckten sie ein raffiniertes Täuschungsmanöver aus, das ihnen dazu verhelfen sollte, den Erzbischof in ihre Hände zu treiben. Unter dem Vorwand, mit ihm einige strittige Punkte betreffend die Grenzgebiete ihrer Territorien besprechen zu wollen, luden sie Pilgrim mit seinem ganzen Gefolge zu einem persönlichen Treffen auf bayerischem Boden nahe der Grenze zu Salzburg ein. Doch kaum waren sie dieser Einladung gefolgt, als sie auch schon allesamt verhaftet wurden. Als Gefangene wurden sie auf die Festung von Burghausen gebracht. Nach einer einwöchigen Haft unter unwirtlichen Bedingungen war der Erzbischof bereit, seine erzwungene Einwilligung zu einem Bündnis mit Bayern zu geben und seine Freilassung mit der Zahlung eines Lösegeldes von dreißigtausend Gulden zu erkaufen. Und selbst dies war nur dem Wagemut des Salzburger Dompropstes Gregor Schenk zu danken, dem es, unterstützt durch Verbündete aus geistlichen und weltlichen Kreisen, gelang, Pilgrim aus den Klauen seiner Erpresser zu befreien und zu erreichen, dass die von den

Festung von Burghausen

bayerischen Verbänden okkupierten Besitzungen Salzburgs wieder in die rechtmäßigen Hände gelangten. So günstig die Fehde mit Bayern beigelegt werden konnte, so erfolglos blieb der Erzbischof bei seinem Versuch, den romfreundlichen König Wenzel doch noch für den in Avignon regierenden Papst gewinnen zu können. Mit dem endgültigen Scheitern dieser Versuche resignierte Pilgrim schließlich, um nun auch selbst reumütig den in Rom herrschenden Papst anzuerkennen. Als persönlichen Erfolg seiner Tätigkeit durfte er für sich verbuchen, dem Erzstift unter seiner Regierung das größte weltliche Territorium hinterlassen zu haben.

Die schon während der Regierung Pilgrims sich abzeichnenden innenpolitischen Spannungen eskalierten unter seinem Nachfolger Erzbischof Gregor Schenk von Osterwitz (1396–1403) in bedrohlicher Weise. Der neue Landesherr legte nämlich bei der Verfolgung der von ihm gesteckten Ziele ein zunehmend rücksichtsloses Verhalten an den Tag, indem er sich entgegen seinen ursprünglichen Versprechungen autoritär über die verbrieften Rechte der Landstände einfach hinwegsetzte. Unter seinem harten Regierungsstil erlangte zwar die weltliche Macht des geistlichen Landesfürsten einen bisher nicht da gewesenen Höhepunkt, hatte auf der anderen Seite jedoch zur Folge, dass sich nach den Worten von Dopsch „hinter der schillernden Kulisse theatralischer Machtdemonstration die Unzufriedenheit und der aufsteigende Groll des Adels und der Landstände immer bedrohlicher aufstaute“. Es überrascht deshalb nicht, dass sich nach dem Tod Gregors noch wenige Tage vor dem Amtsantritt des neu gewählten Erzbischofs Eberhard III. von Neuhaus (1403–1427) im Mai 1403 unter der Führung des Adels die Bürger der Stadt Salzburg und der übrigen Städte im Erzstift zu einem Bündnis zusammenschlossen, dem so genannten „Igelbund“. Mit dieser Urkunde wollte man erreichen, dass „der künftige Erzbischof sich zur Abschaffung der Missstände und zur Einhaltung der alten Rechte und Privilegien urkundlich verpflichten und auch die Zustimmung des Domkapitels einholen sollte“. Erst dann wollten ihm die Verbündeten die Huldigung leisten. Im Falle neuer Zwistigkeiten sollte ein Schiedsgericht aus Rittern, Edelknechten und Bürgern vermitteln. „Falls der Erzbischof die Entscheidung dieses Schiedsgerichtes nicht anerkennen wollte, behielten sich die Verbündeten eine Appellation an das Reich vor.“

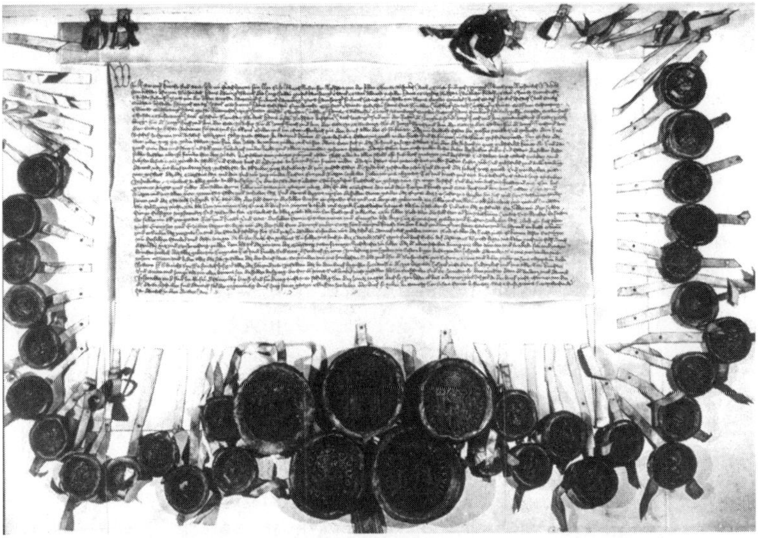

Urkunde des so genannten „Igelbundes“ vom 20. Mai 1403

Der neue Erzbischof verpflichtete sich vorerst zwar, die Forderungen des Igelbundes zu erfüllen. Nachdem er jedoch die päpstliche Bestätigung seiner Funktion erhalten hatte, kümmerte er sich ebenso wenig wie seine Vorgänger um die Erfüllung seiner vor der Wahl gegebenen Zugeständnisse. Im Übrigen sah sich Eberhard III. von Beginn seiner Amtsführung an außenpolitisch vor Probleme gestellt, die ihn innerpolitische Querelen rasch vergessen ließen. Konnte er sich mit den bayerischen Wittelsbachern durch Verträge noch einigermaßen gütlich einigen, so gestaltete sich das Verhältnis zu den habsburgischen Nachbarn zunehmend schwieriger. Als diese nämlich ähnlich wie die Wittelsbacher in mehrere miteinander konkurrierende Linien aufgesplittert wurden, kam es zu dem bekannten „Zwist im Hause Habsburg“. Das habsburgische Territorium wurde nämlich in die von Herzog Leopold III. (1351–1386) regierten „leopoldinischen“ Länder und in die unter der Herrschaft des Herzogs Albrecht III. (1349–1393) stehenden „albertinischen“ Länder aufgeteilt. Damit war vorauszusehen, dass die Verfolgung gegensätzlicher politischer Interessen zu wachsenden Spannungen innerhalb der beiden Familien führen musste: Die Albertiner waren Parteigänger der Luxemburger Dynastie mit dem deutschen König

Wenzel an der Spitze, während die Leopoldiner deren Gegner unterstützten. Der sich daraus ergebende Streit zwischen den Brüdern nahm immer heftigere Formen an und führte schließlich zu einem blutigen Bürgerkrieg, in dessen Rahmen jede Rechtsordnung aufgelöst wurde und Raub, Plünderungen, Brandschatzungen und Hinrichtungen die Landbevölkerung heimsuchten.

In dieser turbulenten Zeit wurde König Sigismund von Ungarn (1410–1437), der sich tapfer mit seinen verdorbenen Verwandten und den bereits bedrohlich nahe gekommenen Türken herumgeschlagen hatte, zum Nachfolger des deutschen Königs Wenzel gewählt, der wegen seiner Trunksucht und seines Gehabens eines unberechenbaren Wüterichs von den Kurfürsten abgesetzt wurde. Eine der ersten Aufgaben Sigismunds war die Bildung einer Schiedskommission, in die Erzbischof Eberhard beordert wurde und die im Streit zwischen den habsburgischen Brüdern Ernst und Leopold vermitteln sollte. Die beiden Streithähne kümmerten sich jedoch keinen Deut um den Schiedsspruch. Im Gegenteil, es flammten immer neue kriegerische Händel auf, in die auch schon bald der Salzburger Erzbischof als Landesfürst involviert wurde. Herzog Ernst von Innerösterreich beliebte es nämlich in zunehmendem Maße, auch Besitzungen des Salzburger Erzstiftes in der Steiermark und in Kärnten anzugreifen. Ja, er provozierte den Fürsterzbischof sogar noch damit, dass er widerrechtlich Salzburger Bischöfe und Prälaten vor weltliche Gerichte zitierte und durch willkürliche Schikanen die Wirtschaft sowie den Handel der salzburgischen Stifte und der dort lebenden Untertanen schädigte. Die Repressalien nahmen schließlich solche Formen an, dass sich Eberhard nur noch durch die Verhängung der Exkommunikation über den übermütigen Herzog erwehren konnte. Wegen dieser unhaltbaren Zustände einigten sich die Stände „Beider Österreich“, also die Länder ob und unter der Enns, das lächerliche Gezänk um die erbliche Nachfolge zu beenden, und es war wieder einmal der Salzburger Erzbischof, der durch seine Vermittlungsdienste unter den Adeligen Tirols und Herzog Friedrich „mit der leeren Tasche“ erreichen konnte, dass Letzterer nach harten Kämpfen endlich Tirol zugesprochen bekam.

Ähnlich schwierig wie die Probleme mit den Nachbarländern Bayern und Österreich erwies sich das Verhältnis Erzbischof Eberhards zu dem durch das Schisma gespaltenen Papsttum. Dieses

Schisma war ja bekanntlich für die Kirche eines der schlimmsten Traumen ihrer Geschichte und da das in schwachen Händen befindliche Kaisertum nicht fähig war, diesen Konflikt aus der Welt zu schaffen, setzte man die einzige Hoffnung auf eine allgemeine Kirchenversammlung, also ein Konzil, das 1409 in Pisa zusammentrat. Doch statt einer Beendigung des Schismas durch Absetzung der beiden konkurrierenden Päpste und der Einsetzung eines neuen kirchlichen Oberhauptes in Gestalt des mehr als fragwürdigen Papstes Johannes XXIII. wurde nur das geradezu paradoxe Ergebnis erzielt, dass sich nun drei Päpste um ihr Amt stritten. Erst in dem im Jahr 1414 in Konstanz tagenden Konzil konnte unter dem Vorsitz von König Sigismund mit der Wahl des Kardinals Otto Colonna, der als Papst Martin V. (1417–1431) den Pontifikat antrat, endlich das mehr als dreißig Jahre währende Schisma beendet werden. Diesem bedeutenden Konzil wohnte der Salzburger Erzbischof vom Herbst 1414 bis zum April 1415 und vom März bis Juli 1417 bei, wodurch er Augenzeuge des schändlichen Schauspiels des geflüchteten und gewaltsam zurückgebrachten Papstes Johannes XXIII. war, der vor einem Gericht wegen Piraterie, Mord, Vergewaltigung, Sodomie und Blutschande zu einer mehrjährigen Haftstrafe verurteilt wurde. Hingegen blieb es gottlob Eberhard erspart, die öffentliche Verbrennung des hochgelehrten Theologen und Rektors der Universität von Prag, Jan Hus, miterleben zu müssen, dem der wortbrüchige König Sigismund freies Geleit zugesichert hatte.

Innenpolitisch betätigte sich Erzbischof Eberhard III. mit mehr als fragwürdigen Reglementierungen, besonders was die seit der Pestepidemie aufgeflammte Judenfeindlichkeiten betraf. Vor allem war ihm daran gelegen, für die nach dem scheußlichen Massaker an den Juden vom Jahre 1404 sich in Salzburg wieder angesiedelte jüdische Gemeinde strenge Auflagen zu verordnen. Damals wurde ein Kirchendiebstahl in der Stadt Salzburg den Juden unterschoben, worauf die gesamte, etwa siebzig Mitglieder umfassende Judenschaft nach einem peinlichen Verhör zum Scheiterhaufen geschleppt und zu Staub und Asche verbrannt wurde. Von nun an mussten jetzt in Salzburg Juden männlichen Geschlechts zur äußeren Kennzeichnung einen „gehörnten“, also aufgestülpten Hut tragen, während den Jüdinnen befohlen wurde, an ihrem Kleid eine Glocke anzubringen: eine einmalige Erfindung im Erzbistum Salzburg, denn überall sonst genügte es im späten Mittelalter zur Kennzeichnung der Jüdinnen, wenn sie am Kopfputz blaue Streifen oder Schleier anbrachten.

Aber nicht nur mit der jüdischen Bevölkerung ging der Kirchenfürst brutal um, sondern auch mit seinen christlichen Mitbrüdern. So lehnte er die Erfüllung der Wünsche und Forderungen des „Igelbundes" kommentarlos ab, wobei er sich der widerrechtlichen Einziehung erledigter Lehen, des so genannten „Heimfallrechtes", bediente. Gleichzeitig gab er zu verstehen, dass er nicht daran denke, seine Schulden und Obligationen zu begleichen, wodurch die wirtschaftlichen Grundlagen des Erzstiftes systematisch ausgeplündert wurden. Bei diesen Gewaltakten des geistlichen Landesherrn wurden nicht nur die Landstände, sondern auch der landsässige Adel Salzburgs schwer in Mitleidenschaft gezogen. Während jedoch die einfache Bevölkerung diesem üblen Treiben ihres Erzbischofs hilflos zuschauen musste, stand dem Adel zur Durchsetzung seiner Rechte dem Landesfürsten gegenüber der in jener Zeit ganz legale Weg der so genannten „Fehde" offen. Wie Dopsch in seinem Werk ausführt, „richtete sich die durch einen formellen Absagebrief eröffnete Fehde nicht nur gegen die Person des Erzbischofs, sondern die Absager bekämpften auch Land und Leute und alle, die dem Gotteshaus untertan waren, und zeigten sich entschlossen, nach Leib und Gütern zu greifen, wann und wo immer ihnen das möglich war". Kam es auch bereits unter den Erzbischöfen Pilgrim und Gregor vereinzelt zu solchen Absagebriefen, so häuften sich diese nun in erschreckender Zahl, sodass der Landfrieden ernstlich gefährdet wurde. Waren doch von einer solchen Fehde am wenigsten der Erzbischof oder die fehdeführenden Adeligen hinter ihren schützenden Mauern und auf ihren kaum einnehmbaren Burgen betroffen, sondern hauptsächlich die völlig unschuldigen Bauern und Dienstleute beider Parteien, die wehrlos durch Raub, Brandstiftung und Mord häufig genug den Tod fanden oder schuldlos verstümmelt und Jahre hindurch eingekerkert wurden. Die Auswirkungen dieses wütenden Fehdekrieges waren verheerend und bieten ein erschütterndes Beispiel dafür, wie ein maßlos selbstherrlich geführter Regierungsstil eines Landesfürsten ein kurz zuvor noch stabiles und reiches Erzstift – etwa unter Erzbischof Pilgrim, der sich sogar die erste Prägung von Goldmünzen leisten konnte – in den Abgrund führen kann.

## DIE HUSSITENKRIEGE (1419–1436)

Der 1429 gewählte Erzbischof Johann II. von Reisberg (1429–1441) wurde gleich zu Beginn seiner Amtszeit in die dramatischen Ereignisse der Hussitenkriege verwickelt, deren Auswirkungen europäische Dimensionen annahmen. Der Tscheche Johann Hus war im Grunde der akademisch mildernde Verkünder der radikalen Lehren des englischen Theologen John Wiclif in Böhmen. Sein Reformeifer hatte etwas durchaus Loyales und er war in seinem Bemühen völlig überzeugt, kein Ketzer zu sein. Nun verband sich aber mit dieser Bewegung der aufflammende tschechische Nationalismus. Beschränkten sich die Grundforderungen der Hussitenbewegung im Sinne der so genannten Utraquisten zunächst auf die Forderung des Abendmahlempfanges unter beiderlei Gestalt, auf die Bestrafung von Todsünden und auf den Verzicht der Geistlichen auf weltliche Güter und weltliche Herrschaft, so lehnte der radikale Flügel, die so genannten Taboriten, rundweg alle jene kirchlichen Einrichtungen ab, die der Heiligen Schrift in ihrer reinen Form widersprachen. Indem nun der bescheidene tschechische Reformator Hus, der es nach schwerer Jugend zum Professor und schließlich sogar zum Rektor der Prager Universität brachte, die Thesen von Wiclif, also die eigentlichen Wurzeln der Hussitenbewegung, mit

Öffentliche Verbrennung des Rektors der Prager Universität, Jan Hus, während des Konzils von Konstanz. Zeichnung aus dem 15..Jahrhundert.

Hussitenkämpfe. Miniatur um das Jahr 1450.

nationalen Parolen anheizte, lieferte er unter der tschechischen Bevölkerung, die sich durch die rigorose deutsche Bevormundung unterdrückt fühlte, reichlich Zündstoff gegen die Obrigkeit. Aber auch seine scharfe Kritik am fragwürdigen Lebenswandel der Päpste fiel auf besonders fruchtbaren Boden, was wiederum die kirchliche Obrigkeit reizte. Die Schriften von Hus wurden verbrannt und er selbst nach Rom zitiert und, da er nicht erschien, mit dem Bann belegt. Als er zu seiner Rechtfertigung dennoch mutig die Reise zum Konzil von Konstanz antrat und dort dann öffentlich verbrannt wurde, wirkte sein Feuertod auf die tschechischen Studenten wie ein Fanal. Bald schlossen sich auch die Bauern der Bewegung an, wodurch das ursprünglich rein geistliche Hussitentum einen durchaus sozial revolutionären Charakter annahm, der schließlich in einen wilden Vernichtungskrieg durch Deutschland und halb Mitteleuropa mündete. Ausgelöst wurde er durch den so genannten „ersten Prager Fenstersturz", bei dem im Verlauf eines heftigen Streites zwischen den gemäßigten Utraquisten und den radikalen Taboriten einige unparteiische Ratsherren einfach aus dem Fenster des Prager Rathauses geworfen worden waren.

Die deutschen Streitkräfte erlitten bei ihrem Einsatz eine empfindliche Niederlage, welche auch das vom Salzburger Erzbischof zur Verfügung gestellte militärische Kontingent betraf. Um eine bessere Organisation der ungeordneten deutschen Truppenverbände zu ermöglichen, wurde ein neues Kriegssteuergesetz erlassen. Durch eine geordnete Abführung dieser Steuergelder in einige deutsche Städte, darunter auch Salzburg, hoffte man eine strenge Kontrolle über die dort deponierten Gelder sicherzustellen. Dass dies aber nicht so einfach war, musste Erzbischof Johann sehr bald erfahren, als er in eine heftige Auseinandersetzung mit den habsburgischen Herzögen von Österreich und von Tirol hineingezogen wurde, die um die Höhe ihres Anteils an dieser Hussitensteuer feilschten und stritten. Zu allem Übel wurde der Salzburger Metropolit auch noch vom Papst aufgefordert, an dem durch eine entsprechende Bulle verkündeten Kreuzzug gegen die Ketzer Böhmens teilzunehmen und durch den Erlass eines Landfriedens für das Erzstift an der Vorbereitung dieses Kreuzzuges mitzuhelfen. Erzbischof Johann stellte daraufhin eine eigene salzburgische Söldnertruppe auf, mit der er sich dem Heerlager Herzog Albrechts von Österreich anschloss. Der Verlauf der nun folgenden erbitterten Kämpfe zwischen den deutschen und böhmischen Verbänden gestaltete sich sehr wechselvoll und führte immer öfter zu einer Pattstellung, sodass man sich endlich entschloss, diesen unseligen Hussitenkrieg mit den „Iglauer Kom paktaten“ (1436) zu beenden.

Dieser Friedensschluss war größtenteils das Verdienst König Sigismunds, der während des Konzils von Basel mit den Hussiten erfolgreich verhandeln konnte. Auf dieser Kirchenversammlung, die ganz im Zeichen des Konflikts zwischen dem Papsttum und der konziliaren Bewegung stand, wurde der allzu autoritär auftrumpfende Papst Eugen IV. (1431–1447) abgesetzt und Felix V. (1439–1449) – der letzte Gegenpapst der Geschichte – zum neuen Oberhaupt der Christenheit gewählt. Die Parteinahme des Salzburger Erzbischofs für den neuen Papst während der konziliaren Beratungen blieb nicht unbemerkt und mit der Würde eines Apostolischen Legaten für die gesamte Kirchenprovinz bedankt.

Obwohl Erzbischof Johann II. ein ausgezeichnetes Verhältnis zum Reich unterhielt, was unter anderem durch die Unterstützung des inzwischen zum Kaiser gekrönten Sigismund im Kampf des Salzburger Metropoliten gegen die bayerischen Herzöge zum Ausdruck kam, wurde er in ein so genanntes Femegericht verwickelt.

Die Femegerichte, im Mittelalter die Landgerichte Westfalens, sind aus den fränkischen Grafengerichten hervorgegangen. Vorsitzender der Feme, wie die heimlichen Gerichte auch genannt wurden, war der so genannte „Stuhlherr“, das heißt der Inhaber der Freigrafschaft oder ein von ihm bestellter Freigraf. Urteilsfinder waren die „Freischöffen“, die Dingstätte selbst wurde „Freistuhl“ genannt. Seit dem 14. Jahrhundert griff die Wirksamkeit der Feme über Westfalen hinaus auf ganz Deutschland über. Dies erklärt sich daraus, dass sie die unmittelbare Verbindung mit dem König durch die Blutbannleihe aufrechterhalten konnten. Als königliche Gerichte beanspruchten sie außer der gewöhnlichen Zuständigkeit innerhalb ihrer Gerichtsbezirke auch die Befugnis zur Aburteilung auswärts begangener todeswürdiger Verbrechen in Fällen der Rechtsverweigerung durch den ordentlichen Richter. Freischöffe konnte jeder unbescholtene Freie werden. Der Aufzunehmende wurde auf westfälischer Erde durch Mitteilung geheimer Erkennungszeichen wissend gemacht. Die „Wissenden“ waren verpflichtet, die Femegeheimnisse streng geheim zu halten, ihnen bekannt gewordene Verbrechen zu rügen und bei der Zustellung von Ladungen und bei Hinrichtungen mitzuwirken. Die Freischöffen bildeten einen über ganz Deutschland verbreiteten Geheimbund, dem viele Personen der verschiedensten Stände angehörten. Die Feme tagten als offenes Gericht für die gewöhnlichen Rechtsangelegenheiten ihres Sprengels oder als „heimliches“ oder „stilles“ Gericht, besetzt mit dem Freigrafen und sieben Freischöffen zur Aburteilung der auswärtigen Rechtsfälle. Der zum Tode Verurteilte wurde sofort nach dem Urteil gehängt. Blieb der Beschuldigte aus, so wurde er „verfemt“, das heißt geächtet, sodass er ohne weiteres überall hingerichtet werden konnte.

Den Gipfel ihrer Macht erreichten die Femegerichte in der ersten Hälfte des 15. Jahrhunderts. Durch die Abwehr der Landesherren und der Städte, schließlich auch des Kaisers, wurde ihr Einfluss noch im ausgehenden 15. Jahrhundert gebrochen. Sie sanken zu bedeutungslosen Bauerngerichten herab. Endgültig beseitigt wurden sie jedoch erst im 19. Jahrhundert.

# DIE REGIERUNGSPERIODE KAISER FRIEDRICHS III.

Nachdem der 1452 zum Kaiser gekrönte Friedrich III. (1415–1493) endlich einen Schlussstrich unter diese bedenklichen Eingriffe der Feme in die Gerichtsbarkeit der Salzburger Erzbischöfe gesetzt hatte, zog nach einer durch Fehden und Absagen verunsicherten Zeit wieder Ruhe und Sicherheit in das Erzstift ein. Diese friedfertige Regierungsperiode, in der Friedrich von Emmersberg (1441–1452) die Salzburger Kirchenprovinz leitete, war dem nachfolgenden Erzbischof Sigmund von Volkersdorf (1452–1461) nicht beschieden. Er wurde nämlich schon bald nach seinem Regierungsantritt neuerlich mit einem Konflikt im Hause Habsburg konfrontiert. Kaiser Friedrich III. hatte nach dem Tode König Albrechts II. (1397–1439) die Vormundschaft von dessen posthum geborenen Sohn Ladislaus übernommen, wodurch er sich möglichst lange die Herrschaft über dessen Erbländer sichern wollte. Da jener Ladislaus „Posthumus“ bereits in seinem dritten Lebensjahr zum König von Ungarn gekrönt wurde, wodurch er gleichzeitig rechtsmäßiger Nachfolger seines Vaters auch in Böhmen war, entspann sich um das Schicksal dieses Knaben bald ein gefährlicher Streit. Die nationalistischen Stimmen in Ungarn lehnten nämlich diese Wahl mit dem Hinweis ab, ein König in Windeln könne schwer gegen die herannahende Türkengefahr kämpfen. Sie überstimmten die zu Ladislaus loyal stehende Partei und wählten Wladislaw von Polen zu ihrem König. Als dieser schon vier Jahre später im Kampf gegen die Osmanen fiel und Ungarn wieder führungslos war, wären die Ungarn wieder zur Aner-kennung des inzwischen mit seiner Mutter nach Wien geflohenen Ladislaus bereit gewesen. Doch sein Vormund war nicht gewillt, sein wertvolles Mündel herauszugeben, ja nicht einmal es in seiner Abwesenheit den niederösterreichischen Ständen anzuvertrauen. Deshalb nahm er auch den kleinen Ladislaus auf seinem Weg zur Kaiserkrönung mit nach Rom, nicht ohne dafür zu sorgen, dem zu erwartenden Aufruhr durch militärische Unterdrückung zuvorzukommen, wobei ihm Papst Martin V. mit einer eigens zu diesem Zweck gegen die Aufständischen gerichteten

Kaiser Friedrich III.

Bulle zur leichteren Durchsetzung seiner Absichten Hilfe leistete. Damit war jedoch der aufrechte und mutige Salzburger Erzbischof nicht einverstanden. Im Verein mit einigen Bischöfen weigerte er sich, diese päpstliche Bulle öffentlich zu verkünden. Nicht genug damit, erklärte er sich sogar bereit, mit Billigung und Unterstützung der Wiener Universität eine Gegenschrift auf die päpstlichen Mandate publik zu machen. Doch um den dadurch ausgelösten Affront nicht noch weiter zu verschärfen, bemühte er sich gleichzeitig in seiner Funktion eines mit den päpstlichen Insignien versehenen „Legatus natus“ zwischen den Aufständischen, die mittlerweile den aus Rom zurückkehrenden, gekrönten Kaiser Friedrich III. bereits in Wiener Neustadt eingeschlossen hatten, und dem Kaiser persönlich zu vermitteln. Dabei gelang es ihm durch sein diplomatisches Geschick, in einem Vergleich nicht nur die sofortige Beendigung des Belagerungszustandes in Wiener Neustadt, sondern auch die Übergabe des kaiserlichen Mündels Ladislaus an die niederösterreichischen Stände zu erwirken. Mit stolzer Genugtuung wollte der Salzburger Metropolit seinen Sieg dadurch vollends auskosten, indem er es sich nicht nehmen ließ, den jugendlichen König Ladislaus gemeinsam mit einer Gruppe von Adeligen bis vor die Tore der Stadt Wien zu geleiten.

Fernab den habsburgischen familiären Zwistigkeiten und Machtkämpfen überschlugen sich unterdessen die Ereignisse auf dem Balkan. Europa glaubte noch immer an „die Welt“, die eben seine Welt war. Die wirkliche Welt sah damals jedoch anders aus. Europa musste entdecken, dass jeder Vorstoß nach Osten, wie es etwa die Kreuzzüge als Gegenbewegung gegen den Islam der Araber waren, von viel stärkeren Vorstößen der asiatischen Welt nach Westen beantwortet wurden. Die Mongolen und dann die Türken belehrten Europa auf bittere Art, wo die Grenzen seiner Macht und seines Geistes liegen. Den Mongolen ist es allerdings nicht gelungen, ihr unter Dschingis Khan erobertes Weltreich, dem die Hälfte der damaligen Welt untertan war, zu erhalten. Nicht so glanzvoll und überwältigend, dafür aber zäher und eindringlicher war die Entwicklung des robustesten der Turkvölker, die sich nach ihrem Reichsgründer Osmanen nannten. Auch sie kamen aus den Weiten Asiens, überquerten unter ihrem Sultan Mehmet, den sie als den „Eroberer“ feierten, den Bosporus und löschten im Jahr 1453 mit der Eroberung von Konstantinopel das Oströmische Reich für immer von der Landkarte. Unter der Fahne ihres Propheten Mohammed zogen ihre Heerscharen entlang der Donau stromaufwärts mit dem Ziel, sich das Abendland untertan zu machen. Erst auf der Höhe von Belgrad stießen sie auf erbitterten Widerstand, den der ungarische Reichsverweser Jan Hunyadi leitete und der den osmanischen Vorstoß fürs Erste zum Stehen brachte. Allgemein erwartete man Unterstützung und Hilfeleistung durch den deutschen Kaiser, doch solche Hoffnungen wurden bald zunichte. Friedrich III. nahm in seiner beschränkten Sorglosigkeit diese drohende Gefahr aus dem Südosten kaum wahr. Er betrieb in aller Ruhe seine Privatliebhabereien und stiftete, wo es ging, günstige Heiraten seiner Töchter. Bereit, mit starker Hand einzugreifen, war er nur dort, wo die Hausmacht der Habsburger bedroht schien. Vom Papsttum war von vornherein keine wirkliche Hilfe zu erwarten, da es durch die vorangegangene Kirchenspaltung viel zu sehr geschwächt war, als dass es die Ausschreibung einer Kreuzzugssteuer beim Reichsepiskopat auch wirklich durchsetzen hätte können.

Auch im Erzstift Salzburg stellte man sich diesbezüglich taub, was allerdings sehr verständlich ist. Hatten doch die ewigen Zwistigkeiten innerhalb der habsburgischen Dynastie und die daraus immer wieder entstandenen, völlig unnötigen kriegerischen Händel nicht nur viele unschuldige Menschenleben im Erzstift gefordert, sondern auch Unsummen von Geld verschlungen, weshalb das Land unter steigernder Inflation zu leiden hatte und eine finanzielle Hilfe für militärische Abwehrmaßnahmen im Osten nicht mehr möglich war. Für Erzbischof Sigmund war es deshalb zur Sicherung eines innenpolitischen Friedens vorrangig notwendig, so rasch wie möglich der rasanten Inflation in seinem Lande Einhalt zu gebieten. Nach reiflicher Überlegung glaubte er, diesem Missstand mit der Ausprägung minderwertiger Pfennige, den so genannten „Schinderlingen", begegnen zu können. Doch da man im Volk diese minderwertigen Münzen nicht akzeptierte – mussten sie doch für einen einzigen alten Pfennig nun bis zu zwölf Schinderlinge bezahlen –, war eine dramatische Teuerungswelle im Erzstift die unausbleibliche Folge.

Die gefährlichen Konsequenzen dieser unheilvollen finanziellen Fehlentwicklung sollten sich schon bei Sigmunds Nachfolger, Erzbischof Burkhard II. von Weißpriach (1461–1466), zeigen. Er hatte schon vor seinem Amtsantritt als Erzbischof eine beachtliche diplomatische Missionstätigkeit hinter sich und zwar sowohl im Dienste des Kaisers als auch in Angelegenheiten seines theologischen Vorgängers, was schon rein äußerlich durch seine Erhebung in den Kardinalsrang zum Ausdruck gebracht wurde. Aber so groß auch seine Fähigkeiten als einfallsreicher Diplomat und Weltmann gewesen sein mögen, so fehlte ihm doch die Gabe, die begrenzten Möglichkeiten in seinem jetzigen, engeren Herrschaftsgebiet realistisch einzuschätzen. Dieser Mangel zeigte sich schon am Beginn seiner Regierungsperiode in seinem unbekümmerten, um nicht zu sagen rücksichtslosen Vorgehen seinen finanziellen Haushalt betreffend. So wollte er zur Deckung der von Rom vorgeschriebenen Servitien in enormer Höhe auch noch jene Summe, die er für die Verleihung der Kardinalswürde berappen musste, seinen Untertanen aufbürden, indem er einfach die Taxen der Weihsteuer willkürlich auf das Vierfache jener seiner Vorgänger hinaufschrauben wollte. Da jedoch die Bauern schon durch den notwendig gewordenen „Aufwechsel" der eingeführten Schinderlinge an die Grenze ihrer Existenzmöglichkeiten gedrängt wurden, war die Bevölkerung nicht mehr bereit, diesen zusätzlichen Forderungen ihres Landesherrn nachzukommen, was einen Bauernaufstand im Gebirge zur Folge hatte. Unter der Führung von Ulrich Dienstl schlossen sich alle größeren Märkte der Gebirgsgaue mit Ausnahme von Radstadt zusammen und begannen nicht nur die Burgen und Amtssitze des Landes, sondern auch die Engpässe zu besetzen, womit ab sofort im Erzbistum die Verbindung zwischen den beiden Bezirken „inner " und „außer Gebirg" für jeden Verkehr gesperrt und selbst für Truppenbewegungen kaum zu überwinden war. Unter diesem Aspekt schien es dem Erzbischof denn doch ratsamer, auf Gewalt zu verzichten und besser mit der Bauernschaft in Verhandlungen einzutreten. Unter Mithilfe des Bayernherzogs wurde schließlich erreicht, dass der Aufwechsel abgestellt werden musste und die Weihesteuer die Höhe der bisher üblichen Belastung der Bauern nicht überschreiten durfte. Dem Schiedsspruch Herzog Ludwigs von Bayern war es zu danken, dass auch jene Forderungen der Aufständischen berücksichtigt werden mussten, mit denen sie gegen die allzu oft betriebenen willkürlichen Geldforderungen

Einer der besetzten Engpässe – die Sperrvorrichtungen am Pass Lueg bei Golling

des Erzbischofs und gegen die Willkür des ohne Prozessverfahren amtierenden Gerichtswesens protestiert hatten.

Diese Bauernunruhen waren der Anstoß dafür, dass Burkhard in Eile die Festung Hohensalzburg durch zusätzliche Verteidigungsanlagen in eine mächtige Trutzburg verwandeln ließ – eine Maßnahme, die sich schon bald nach seinem Tod unter der Regierung seines Nachfolgers Bernhard von Rohr (1466–1482) mehr als nützlich erweisen sollte. Auch der neue Erzbischof litt unter permanenter Geldnot und da er die Forderungen des Adels nicht erfüllen konnte, bedienten sich diese in zunehmendem Maße wieder ihres legalen Rechts der Fehde, indem sie ihm Absage über Absage übersandten. Proteste hagelte es aber auch aus der Arbeiterschaft, allen voran jener der Bergknappen vom Dürrnberg, welche die Schundlöhne nicht mehr länger hinnehmen wollten. Dazu kamen noch mehrere Missernten und eine während der Pest des Jahres 1463 erlittene Dezimierung der Landbevölkerung, wodurch die wirtschaftliche Verschlechterung der Situation im Erzstift bedrohliche Ausmaße annahm. Die Menschen waren verzweifelt und litten Hunger.

In dieser Krisenlage drohte zu allem Überfluss neuerlich akute Gefahr von Seiten der Osmanen, die bereits bis Innerösterreich vorgedrungen waren. Man einigte sich zwar auf mehreren Reichstagen, an die bedrohte Grenze ein größeres Truppenkontingent zu entsenden, doch scheiterten alle Vorschläge an der fehlenden Solidarität der Fürsten. Auch Erzbischof Bernhard von Salzburg widersetzte sich zunächst diesem Plan. Jedoch als im September des Jahres 1473 die als „Renner und Brenner“ bezeichneten schnellen und überaus wendigen türkischen Reiterscharen auch bis an die südliche Grenze des Erzstiftes vordrangen und unter Umgehung der bewehrten Burgen und Städte unter der im freien Land hausenden bäuerlichen Bevölkerung schrecklich wüteten, wurde auf einem Salzburger Landtag eine allgemeine Türkensteuer beschlossen, um damit ein Aufgebot unter Führung eines Landeshauptmannes in den Gebirgsgauen finanzieren zu können. Doch auch damit konnte dieser besonders schlimme Einfall türkischer Reiterscharen nicht verhindert werden. In ihrer Verzweiflung beschlossen deshalb die Bauern, da sie sowohl von dem auf die Burg Werfen in Sicherheit gebrachten Erzbischof ebenso wie von ihren Grundherren völlig im Stich gelassen wurden, sich auf eigene Faust zu einer Art Kampfeinheit zusammenzuschließen und selbst ihre Höfe zu verteidigen. Dieser Widerstand brach jedoch infolge der weit überlegenen osmanischen Reiterscharen rasch in sich zusammen und endete damit, dass die primitiv bewaffneten Bauern und Taglöhner bis auf den letzten Mann niedergemacht wurden.

Ein osmanischer Reiter aus den Reihen der sogenannten „Renner und Brenner“

Mit Recht richtete deshalb die aufgebrachte Bauernschaft ihren ganzen Groll nach Abzug der Türken auf den Erzbischof, der so wie die Grundherren seinen Schutzpflichten in keiner Weise nachgekommen war. Sie planten die Schaffung einer Art Bauernrepublik, um auf diese Weise die Herrschaft ihres geistlichen Landesherrn abschütteln zu können. Wie zu erwarten ließ Erzbischof Bernhard diesen Versuch durch seine Schergen rasch zunichte machen und zwei der „Rädelsführer“ hinrichten. Diese kurzfristige Revolte genügte jedoch immerhin, dass man in einem einberufenen Landtag laut über eine denkbare Abdankung dieses Landesfürsten nachdachte. Dabei kam zu Tage, dass Bernhard selbst sich schon seit einiger Zeit mit solchen Gedanken trug, weniger wegen der spürbaren sozialpolitischen Spannungen im Land, sondern eher wegen persönlicher Enttäuschungen im Zusammenhang mit der eigenmächtigen Kirchenpolitik des Kaisers. Ganz besonders traf ihn dabei der willkürliche Eingriff Friedrichs

III. in das ausschließlich dem Salzburger Metropoliten vorbehaltene Besetzungsrecht innerhalb seiner Kirchenprovinz. Dass sich der Kaiser so leicht über den Erzbischof hinwegsetzen konnte, verdankte er einer päpstlichen Verfügung, die ihm das Besetzungsrecht von nicht weniger als siebzehn Bistümern in seinem Reich zusprach. Diese demütigende Bevormundung eines geistlichen Reichsfürsten durch den Kaiser war dann ausschlaggebend für Erzbischof Bernhard, freiwillig zu resignieren.

Ein entsprechender Weg für seine zukünftige Nachfolge wurde bereits auf einem Landtag in Graz vorweggenommen, auf welchem der Kaiser die Neubesetzung in Salzburg mit seinem Günstling Johann Beckenschlager empfahl. Diese schillernde Persönlichkeit stand bei Kaiser Friedrich III. in besonderer Gunst, seit er sich als Diplomat und als Heerführer große Verdienste erworben hatte. Es überrascht deshalb, dass er als Kommandant kaiserlicher Truppen auf seinem Zug nach Ungarn plötzlich zum ungarischen König Matthias Corvinus übertrat, der ihn als Dank für mehrere, ihm geleistete Dienste zum Bischof von Großwardein und wenige Jahre später sogar zum Erzbischof von Gran einsetzte. Immerhin bekleidet der Erzbischof von Gran, dem heutigen Esztergom, seit dem 13. Jahrhundert die Funktion eines Primas von Ungarn. In dieser Eigenschaft verstand es Beckenschlager, sich in kürzester Zeit ein beträchtliches Vermögen anzueignen. Trotzdem hatte auch seine Treue zum ungarischen König nur kurze Beine. Als er nämlich erfahren musste, dass ihm ein anderer Bischof in der Gunst des Ungarnkönigs den Rang abgelaufen hatte, zog er es vor, unter Mitnahme des gesamten Kirchenschatzes und eines Bargeldvermögens von dreihunderttausend Gulden wieder in die Arme des Kaisers zu eilen, der ihn ungeachtet seines treulosen Verhaltens in Anbetracht seiner eigenen chronischen Geldnot wie einen Retter freudigst aufnahm – nicht nur als seinen engsten Berater, sondern zugleich auch als einen seiner wichtigsten Geldgeber.

Vor diesem Hintergrund versteht man auch, warum sich Kaiser Friedrich III. auf dem Grazer Landtag so eifrig für die Einsetzung Johann Beckenschlagers zum neuen Erzbischof des reichen Erzbistums Salzburg bemühte. Hoffte er doch, auf diese Weise mit einem Schlag jene ertragsreichen Pfandstücke zurück zu gewinnen, die Beckenschlager vom Kaiser für die Gewährung von mehreren Darlehen im Wert von fast sechzigtausend Dukaten erworben hatte. Um dieses Ziel zu erreichen, führte der Kaiser geheime Gespräche mit Erzbischof Bernhard von Salzburg, um ihn für den Preis einer entsprechend hohen Entschädigung zur spontanen Resignation zu bewegen, was dem regierungsmüden Bernhard angesichts der bereits erwähnten Bauernverschwörung, aber auch wegen der geschilderten Spannungen zwischen ihm und dem willkürlich in seiner Kirchenprovinz provozierenden Kaiser nicht so ungelegen zu sein schien. Wurde ihm doch für seinen freiwilligen Rücktritt zu Gunsten Johann Beckenschlagers bei dieser geheimen Unterredung in Graz die Wiener Dompropstei, eine jährliche Pension von viertausend Gulden sowie von Beckenschlager zusätzlich noch eine Summe von sechstausend Gulden versprochen, weshalb Bernhard dem geheimen Vorschlag des Kaisers zunächst zustimmte. Diesem einer Bestechung gleichkommenden Deal widersetzten sich jedoch das Domkapitel, die Landschaft und auch der bayerische Herzog Ludwig, als ihnen dieser Plan zu Ohren kam, weshalb man auf einem Landtag in Salzburg Erzbischof Bernhard, der sich inzwischen auch selbst die Dinge anders überlegt hatte, dazu bewog, seine „spontane" Abdankung, wie sie in Graz besprochen wurde, zu widerrufen und den Kaiser von seiner geänderten Meinung in Kenntnis zu setzen.

Wie nicht anders zu erwarten, weigerte sich Friedrich III., den für ihn so wichtigen Plan zur Tilgung all seiner Obligationen aufzugeben. Wie immer, wenn es um Geld oder um die Gefährdung der Hausmacht ging, schritt der habsburgische Kaiser energisch gegen das unbotmäßige Domkapitel und die widerspenstigen Salzburger Landstände ein. Er beschlagnahmte kurzerhand alle Einkünfte des Erzstiftes aus dessen Besitzständen in Niederösterreich und ordnete eine sofortige Handelssperre gegen das gesamte Erzstift an, worauf Erzbischof Bernhard in seiner Not den ungarischen König Matthias Corvinus, den „Türkenheld", um militärischen Beistand bat; hatte dieser doch schon 1467 auf Ersuchen Bernhards den Schutz der Burgen und Herrschaften des Erzstiftes in Innerösterreich vor den mordenden und brandschatzenden Osmanen zugesagt. Und ähnlich war es wenige Jahre später neuerlich der ungarischen Hilfe zu danken, dass die Salzburger Besitzungen in der Steiermark nicht stärker durch türkische Überfälle in Mitleidenschaft gezogen wurden. Matthias Corvinus verpflichtete sich nun auch diesmal, das Erzstift unter seinen Schutz zu nehmen und es „gegen jeden“ Angreifer zu verteidigen. Der ungarische König trat zunächst mit dem Kaiser in Verhandlungen ein, in welchen er ein Ende der Unterstützung Johann Beckenschlagers, des ehemaligen Erzbischofs von Gran, und gleichzeitig freien Durchzug der ungarischen Truppen durch kaiserliches Territorium zur Abwehr der Osmanen und der Venezianer forderte.

Mit der Ablehnung dieser Anliegen begann ein erbitterter Abwehrkampf des Kaisers gegen den König von Ungarn, was für die Bevölkerung der auswärtigen Besitzungen des Erzstiftes besonders schlimme Folgen mit sich brachte. Hatte doch Erzbischof Bernhard Matthias Corvinus als Gegenleistung für dessen Schutz alle Salzburger Besitzungen in Kärnten und in der Steiermark überlassen, weshalb diese auch sofort von den ungarischen Truppen besetzt wurden. Damit waren aber die dortigen Bewohner auch hilflos der Raublust und der Plünderungssucht der rohen magyarischen Krieger ausgeliefert, eine Situation, die mit dem nun beginnenden Angriff der kaiserlichen Truppen noch weiter verschärft wurde. Mitten in dieses Chaos fielen im Sommer dieses Jahres 1480 zu allem Überfluss auch noch die gefürchteten osmanischen „Renner und Brenner“ in Kärnten und in der Steiermark ein, wo sie schwere Verwüstungen anrichteten und zahlreiche Menschen ermordeten oder in die Sklaverei abführten. Aber selbst nach deren Abzug wurde die Lage der leidgeprüften Bauernschaft nicht viel besser, weil nun sowohl die ungarischen wie auch die kaiserlichen Söldner, denen ihr Sold schon ein ganzes Jahr vorenthalten wurde, sich von der Landbevölkerung alles holte, dessen man habhaft werden konnte. Und was nicht mitzunehmen war, wurde zerstört oder den Flammen übergeben, weshalb sich die Bürgerschaft und das Landvolk dringend nach Frieden sehnte. Diese gedrückte Stimmung versuchte Kaiser Friedrich III. diplomatisch für einen Stimmungsumschwung bei den höheren geistlichen Würdenträgern zugunsten seines Kandidaten Johann Beckenschlager auszunützen, indem er ihnen im Falle einer weiteren Unterstützung des bisherigen Erzbischofs Bernhard androhte, alle ihre Einkünfte aus Besitzungen auf kaiserlichem Territorium zu sperren. Dieser brutale Schachzug verfehlte seine Wirkung nicht. Aus Angst um ihre reichen Einkünfte beschworen sie nun flehentlich Bernhard, sich mit dem Kaiser auf gütlichem Wege zu verständigen, worauf dieser sich unter solchen Umständen bereit erklärte, aus eigenen Stücken zu resignieren und die Einsetzung des kaiserlichen Günstlings, Erzbischof von Gran, als seinen rechtmäßigen Nachfolger in Salzburg anzuerkennen.

Nachdem nun im gesamten Erzstift der letzte Widerstand gegen Beckenschlager gebrochen war, konnte endlich seine feierliche Einsetzung als Erzbischof Johann III. Beckenschlager (1482–1489) im Dom zu Salzburg vorgenommen werden. Sein vordringlichstes Ziel, zwischen dem Kaiser und dem ungarischen König ein friedliches Einvernehmen zu erreichen und durch einen Friedensschluss die von Matthias Corvinus besetzten Burgen, Schlösser und Herrschaften wieder dem Erzstift einverleiben zu können, war wider Erwarten zum Scheitern verurteilt, obwohl Beckenschlager jahrelang in hoher Gunst des ungarischen Königs stand. Durch diesen außenpolitischen Misserfolg konnte auch nicht verhindert werden, dass die für die Bevölkerung unerträglich gewordenen kriegerischen Gräuel der ungarischen wie der kaiserlichen Söldner in Kärnten und in der Steiermark mit unverminderter Heftigkeit weiter tobten, verschärft durch einen nochmaligen Einfall der mörderischen türkischen Reiterscharen.

Das Wirken als geistliches Oberhaupt in seiner Kirchenprovinz trat bei Erzbischof Johann zugunsten seiner weltlichen diplomatischen und organisatorischen Aktivitäten fast völlig in den Hintergrund. Als engster Vertrauter und Berater des Kaisers war er gezwungen, oft Monate im Ausland zu verbringen, um verschiedene diplomatische Vermittlungsdienste zu leisten. Da ihn der Kaiser überdies mit der Statthalterschaft in den habsburgischen Ländern zwischen Innerösterreich und Istrien an der Adria betraute, bedeutete dies zusätzlich ein häufiges Fernbleiben von Salzburg. Sein letzter Auftrag des Kaisers, die Vorbereitungen zur bevorstehenden Wahl seines Sohnes Maximilian zu treffen, unterstreicht nochmals das hohe Ansehen und die herausragende Stellung am kaiserlichen Hof, bedeutete aber gleichzeitig wieder eine längere Abwesenheit von seinem Erzstift, da er in Frankfurt am Main als Organisator dringend benötigt wurde.

Dieses häufige Auftreten in weltlichen Funktionen brachte es mit sich, dass Johann Beckenschlager zeit seines Lebens eigentlich mehr einem weltlichen Fürsten glich als dem eines geistlichen

Würdenträgers. Er bevorzugte es deshalb auch als Erzbischof häufig, in voller Rüstung aufzutreten – vielleicht in Erinnerung an jene Jahre, in denen er als todesmutiger Söldnerführer in den Krieg zog. Aber auch sein Lebensstil in Salzburg, seine Vorliebe für prächtige Tafelrunden und seine Gepflogenheit, die im benachbarten Domkloster untergebrachten Mätressen gerne zu vergnüglichen Stunden zu besuchen, passten eher zu einem weltlichen Fürsten und weniger zu einem geistlichen Metropoliten.

Durch den schwerwiegenden Konflikt, in welchen der Vorgänger Bernhard mit dem Kaiser verwickelt war, hatten sich die Machtverhältnisse in der Residenzstadt Salzburg merkbar zugunsten der Bürgerschaft verschoben. Sichtbaren Ausdruck fand dies in jenem „Großen Ratsbrief", den der Kaiser im Jahr 1481 der Stadt verlieh. Wenn auch darin ausdrücklich der Erzbischof weiterhin als weltlicher Herr und Landesfürst bezeichnet wurde, so bedeutete das nun zugestandene Recht auf eine freie Wahl des Bürgermeisters und des Stadtrates für die Bürgerschaft doch ein entscheidendes Privileg.

Erzbischof Leonhard von Keutschach (1495–1519). Grabmal vor der Georgskirche auf der Festung Hohensalzburg, um 1515.

Als im Pestjahr 1495 der aus einem Kärntner Rittergeschlecht stammende Dompropst Leonhard von Keutschach (1495–1519) zum neuen Erzbischof gewählt wurde, übernahm ein Mann die Regierungsgeschäfte im Erzstift, der sich zeit seines Lebens herzlich wenig für eine außenpolitische Tätigkeit interessierte und für diplomatische Missionen auch kaum geeignet gewesen wäre. Sein bescheidener Intelligenzgrad und seine provinzielle Sichtweise trugen zu seiner konsequenten Nichteinmischungspolitik bei, die seinem Land trotz der kampferfüllten Zeit seiner Regierungsjahre, sogar während des bayerischen Erbfolgekrieges, den Frieden sicherte. Doch so wenig kämpferisch er sich außenpolitisch zeigte, so kraftvoll und rücksichtslos verstand er es, seinen Untertanen die Durchsetzung der ihm vom Kaiser und vom Papst verliehenen Macht zu demonstrieren. Dadurch geriet er schon in der Anfangszeit seiner Regierung mit der Salzburger Bürgerschaft in einen ernsten innenpolitischen Konflikt, als diese sich auf die von Kaiser Friedrich III. zugebilligten Rechte einer freien Reichsstadt berief. In Anbetracht der unter dem neuen deutschen König Maximilian noch beträchtlich erweiterten Grenzen der Fürstenmacht begegnete Leonhard solchen Freiheitsbestrebungen mit der ihm eigenen Weise, nämlich im Vollgefühl unumschränkter Macht eines regierenden Despoten. Er weigerte sich deshalb im Gegensatz zu seinen Vorgängern kategorisch, die verbrieften Rechte der Bürgerschaft zu bestätigen, wobei er den Hebel am wichtigsten Punkt ansetzte, nämlich bei der Gerichtsbarkeit. Dabei kam ihm ein Prozess gegen den ehemaligen Stadtrichter Oswald Elsenheimer gelegen, dem nicht nur grobe Willkürlichkeiten bei der Ausübung seines Amtes zur Last gelegt wurden, sondern den man auch beschuldigte, das Haupt einer Räuberbande zu sein. Der Umstand, dass die den Stadtrichter belastenden Aussagen nur unter dem Druck der Folter erpresst wurden, bewog Leonhard dazu, fortan die gesamte Gerichts- und Polizeigewalt als landesfürstliches Regal zu fordern. Eine Appellation der Bürgerschaft an die königliche Kammer führte zwar zu einem einigermaßen brauchbaren Kompromiss, doch war der Erzbischof nicht aus dem Holz, es dabei bewenden zu lassen. Gestärkt durch das neutrale Verhalten des Königs in diesem Konflikt, der natürlich im Salzburger Erzbischof wieder einmal einen willigen Geldgeber sah, schritt Leonhard zu offener Gewalt mit einem bühnenreifen Überraschungsschlag, der den kurzen Traum von einer Reichsunmittelbarkeit Salzburgs mit einem Schlag begrub. Unter dem Vorwand versöhnlicher Bereitschaft lud er den Bürgermeister und die Ratsmitglieder im Januar 1511 zu einem inszenierten Empfang in die Festung Hohensalzburg, wo er dann zehn der Vornehmsten an Händen und Füssen binden und auf einen Schlitten werfen ließ, auf dem sie, mit dem Rücken aneinander gebunden, in grimmiger Winterkälte in ihrer leichten Festbekleidung noch in derselbigen Nacht nach Radstadt gebracht wurden, wo man ihnen ihre Hinrichtung androhte. Mit diesem brutalen Willkürakt brach natürlich jeder Widerstand rasch zusammen. Als der Erzbischof die Auslieferung des urkundlichen Ratsbriefes Kaiser Friedrichs III. verlangte, war die unumschränkte Herrschaft des geistlichen Landesherrn wiederhergestellt.

Bayerischer Herzog Maximilian I.

Ähnlich rigoros ging Leonhard auch gegen die im Erzstift ansässigen Juden vor. Nach dem Vorbild des Habsburgers Maximilian I., der kurz zuvor die Vertreibung aller Juden aus der Steiermark angeordnet hatte, entschloss sich auf Anraten der Landstände auch der Erzbischof von Salzburg, allen Juden zu befehlen, nur unter Mitnahme ihrer nötigsten persönlichen Habseligkeiten das Erzstift unverzüglich zu verlassen. Ging er in dieser Hinsicht mit dem inzwischen zum Kaiser gekrönten Maximilian I. (1459–1519) konform, so waren die persönlichen Beziehungen zu ihm nicht gerade spannungsfrei. Leonhard wusste, dass er die neutrale Haltung seines Erzstiftes in den kriegerischen Verwicklungen des Kaisers nur durch Beisteuerung dringend für die Kriegszüge benötigter Geldmittel bei dem stets in finanziellen Nöten schwebenden Kaiser durchsetzen konnte. Dadurch gelang es ihm auch, sich aus dem gefährlich nahen bayerisch-pfälzischen Erbfolgekrieg herauszuhalten. Trotzdem behielt dieser Krieg für den Salzburger Erzbischof einen bitteren Nachgeschmack, weil nach dem Schiedsspruch auf dem Reichstag zu Köln (1505) das Erzstift fast zur Gänze nun von habsburgischen Besitzungen eingekreist wurde.

Aber nicht nur zum Reich, auch zum Papst selbst unterhielt Leonhard ein kühles und unpersönliches Verhältnis. Kooperierte das

Papsttum doch aufs engste mit den Habsburgern, mit denen der Erzbischof in seinen letzten Regierungsjahren in einen gravierenden Konflikt geriet. Kaiser Maximilian I. wandte sich nämlich an Papst Julius II. (1503–1513) mit der Bitte, den derzeit in Salzburg regierenden Erzbischof in geistlichen und weltlichen Belangen durch eine „kraftvolle Persönlichkeit“ als Koadjutor und späteren Nachfolger zu unterstützen. Der Kaiser hatte auch gleich den richtigen Mann im Visier, der den durch altersbedingte Schwäche kaum noch regierungsfähigen Metropoliten ersetzen könnte. Als die geeignetste Person für diese Funktion schlug er nämlich Matthäus Lang vor, seinen Sekretär und engsten Berater, der als kaiserlicher Rat wegen seines maßgeblichen Einflusses auf Maximilian fast wie ein „halber König“ regierte. In der Tat war Lang als Stellvertreter des Kaisers bereits in schwierigsten diplomatischen Missionen erfolgreich gewesen, wie das von ihm erreichte Zustandekommen des habsburgisch-jagellonischen Heiratsvertrages beweist, durch welchen den habsburgischen Ländern im Wiener Vertrag 1515 nun auch noch Ungarn und Böhmen zugesprochen wurden. Lang war auch maßgeblich am Kongress in Cambrai vom Dezember 1508 beim erfolgreichen Zustandekommen der „Liga von Cambrai“ beteiligt, jenem Bündnis, das sich gegen Venedig richtete und vom Papst, Kaiser Maximilian, Ludwig XII. von Frankreich und Ferdinand von Aragon-Kastilien unterzeichnet wurde. Unter solchen Umständen war es für niemanden überraschend, dass Papst Julius II. der Bitte des Kaisers entsprach und Matthäus Lang zum Koadjutor und Nachfolger Leonhards bestätigte. Das zunächst widerstrebende Salzburger Domkapitel bedrohte Julius II. mit der Exkommunikation, sollten sie nicht sofort den Widerstand aufgeben.

Matthäus Lang von Wellenburg (1519–1540) war zwischenzeitlich mit den Vorbereitungen zur Sicherung der Nachfolge des 1519 verstorbenen Kaisers Maximilian voll beschäftigt, für die der Wunschkandidat des Verstorbenen, dessen erst neunzehn Jahre alter Enkel Karl, vorgesehen war. Karl, kaum dem Jünglingsalter entwachsen und doch schon Herrscher der Niederlande und König des vereinigten Spanien einschließlich der überseeischen Gebiete, erkor den erfahrenen Berater seines Großvaters Koadjutor Lang zum willfährigen Vorsitzenden der Wahlkommission, die dann einstimmig dessen Schützling zum deutschen König Karl V. wählte.

Kardinal Matthäus Lang, der noch während seines Aufenthaltes in Mainz vom Ableben Leonhards erfuhr, kehrte unmittelbar nach der Königswahl in das Erzstift Salzburg zurück, wo nun

Kardinal Matthäus Kardinal Lang von Wellenburg (1468–1540)

seinem Einzug als neuer Erzbischof nichts mehr im Wege stand. Es sollte sich schon bald herausstellen, dass ihm zur Erfüllung seiner Pflichten, sei es als geistliches Oberhaupt der Diözese, sei es als Landesfürst, die dazu erforderliche Zeit nicht zur Verfügung stand. Denn schon im Herbst seines ersten Regierungsjahres war er gezwungen, in seiner noch von Maximilian I. übertragenen Funktion als Statthalter der ober- und niederösterreichischen Länder das gesamte folgende Jahr außerhalb seiner Diözese zu verbringen. Doch auch spätere Verpflichtungen, wie etwa seine erforderliche Teilnahme an der im Jahr 1519 stattgefundenen Kaiserkrönung Karls V. in Aachen, führten ihn immer wieder ins Ausland, weshalb er schon frühzeitig gezwungen war, die laufenden Regierungsgeschäfte im Erzstift fähigen Mitarbeitern anzuvertrauen.

Martin Luther

Doch im März 1523, als er nach Salzburg zurückgekehrt war, erwies sich seine persönliche Anwesenheit als dringend notwendig. Es war die neue Lehre Martin Luthers, die auch im Erzstift bereits Fuß gefasst hatte, und es war klar, dass ihn dieses Problem sowohl als geistliches Oberhaupt wie auch als fürstlicher Landesherr zum Eingreifen zwang. Es war ihm von Beginn an klar, dass er diesem Vordringen reformatorischen Gedankengutes vor allem auf dem Lande mit entsprechenden Gegenmaßnahmen begegnen musste. Erreichte doch im ganzen Reich diese religiös-soziale Krise bereits ein Ausmaß, dass jeden Augenblick eine Entladung der angehäuften Konfliktstoffe befürchtet werden musste. Dazu kam noch, dass weder die geschwächte kaiserliche Macht noch das Episkopat, dessen Vertreter damals häufig kurzsichtige, machtgierige und halbgebildete Parasiten waren, in diesem brodelnden Chaos Ordnung zu schaffen vermochte.

Obwohl die an der Wittenberger Schlosskirche 1517 angeschlagenen fünfundneunzig Thesen Luthers ursprünglich gar nicht für die breite Öffentlichkeit bestimmt waren, sondern bloß nach einem damals üblichen Brauch ausschließlich nur die Gelehrten der Wittenberger Universität zu einer akademischen Disputation aufrufen sollten, enthielten sie doch auch einen für alle klar erkennbaren Sprengstoff. Luther trat ja mit seinen Thesen bekanntlich auch vehement gegen den empörenden Ablass- Missbrauch der römischen Kirche auf, welcher in der Bevölkerung zunehmend Erbitterung und Zorn auslöste. Wie wenig auch die Anhänger der verschiedensten religiösen Lager mit den eigentlichen Ideen Luthers vertraut gewesen sein mochten, so erblickten sie doch alle in ihm den kommenden geistigen Anführer in der sich ankündigenden großen Erhebung: Die niedere Geistlichkeit wollte die Fesseln des Zölibats sprengen, der niedere Adel schielte begehrlich nach Kirchengut und die Bauern erhofften Unterstützung in ihrem Kampf gegen ihre weltlichen und geistlichen ausbeuterischen Grundherren. In einem stimmten sie alle überein, nämlich im Widerstand gegen den Papst, gegen die despotischen weltlichen Machthaber und gegen den aufreizenden Reichtum der höheren Geistlichkeit.

In dieser Umbruchstimmung in deutschen Landen wurde auch in Salzburg Unmut in der breiten Bevölkerung laut. Es waren hier vor allem die Einhebung einer exorbitant hohen Weihesteuer anlässlich der Erhebung Kardinal Langs zum geistlichen Landesfürsten sowie die von ihm geforderten beträchtlichen zusätzlichen Geldleistungen zur Deckung der Auslagen in seinen diplomatischen Diensten, die Wut und Empörung unter der Bürgerschaft Salzburgs hervorriefen. Die unkluge und selbstherrliche Vorgangsweise des eitlen Kardinals, in schroffer und rücksichtsloser Form der Bürgerschaft die erbetene Rückerstattung der von seinem Vorgänger erzwungenen Verzichtserklärung auf die ihnen vom Kaiser zugebilligten Rechte und Privilegien rundweg abzulehnen, schuf zusätzlich einen gefährlichen Zündstoff. Dem Kardinal konnte die brisante Spannung, die sich zwischen ihm und seinen Untertanen auftat, nicht verborgen bleiben, weshalb er schleunigst entsprechende Absicherungen gegen eventuelle Übergriffe in die Wege leitete. Er ließ die Festung Hohensalzburg mit seinen Getreuen besetzen und begab sich unter einem unauffälligen Vorwand nach Tirol, wo er unverzüglich mit Billigung Erzherzog Ferdinands sechs Fahnen wohlgeübter Kriegsleute anheuerte. Mit deren Hilfe hoffte er der verschwörerischen Meute vor seinem Regierungssitz in Salzburg zuvorzukommen, die sich in einer Gruppe von Leuten verschiedenster Herkunft, darunter Studierende der Rechte, Priester und Personen des gebildeten Standes, zusammenrottete. Gegen sie zog nun der Kardinal an der Spitze des angeworbenen Kriegsvolkes von Tirol kommend bis zu dem nahe der Stadt gelegenen Dorf Grödig entgegen, wo er Schanzen aufwerfen ließ. Als er dann auch noch dem Festungskommandanten befahl, seine Geschütze drohend auf die Stadt zu richten, erkannten die Bürger den Ernst der Situation. Ihre Lust „zu stürmen und zu plündern" verrauchte urplötzlich und sie säumten keine Stunde mehr, sich ihrem Landesherrn auf Gnade und Ungnade zu ergeben. In dieser unblutig verlaufenen kriegerischen Auseinandersetzung, die wegen der Teilnahme vieler „studierter Leute" als der „Lateinische Krieg" in die Annalen einging, war es Johann von Staupitz, ehemals Vorgesetzter und väterlicher Freund Martin Luthers in Wittenberg und seit 1522 als Abt in St. Peter zu Salzburg tätig, der als Vermittler zwischen dem Kardinal und den Bürgern diesen Konflikt friedlich zu beenden half. Die Bürgerschaft musste allerdings sich aufs Neue verpflichten, auf alle Freiheiten und Rechte „für ewig" zu verzichten. Die gleichzeitig vom Kardinal erlassene „Salzburger Stadt- und Polizeiordnung" markierte unverkennbar den Beginn jenes absolutistischen Regierungsstils, an dem dann die geistlichen Landesfürsten von Salzburg bis zum Jahr 1804 eisern festhielten.

Porträt des Abtes von St. Peter in Salzburg, Johann von Staupitz. Um 1520.

Gestärkt aus dem „Lateinischen Krieg" hervorgegangen, war Kardinal Lang nun fest entschlossen, energisch gegen das sich im Erzstift ausbreitende Luthertum vorzugehen. In einem Erlass, dem so genannten „Religionsmandat", wurde allen Untertanen „bei schwerer Strafe und Ungnade" jedwede Verbreitung von lutherischen Schriften verboten und all jenen, die sich zur Lehre Luthers bekennen, die Verhaftung und Gefängnisverwahrung bis zu ihrer gerichtlichen Verurteilung durch den Landesherrn angedroht. Doch auch mit diesem strengen Mandat konnte er nicht verhindern, dass ein immer größer werdender Anteil der Bevölkerung der neuen Lehre zuneigte. Durch die Übersetzung der Heiligen Schrift in die deutsche Sprache durch Luther sowie durch verschiedene andere lutherische Traktate wurde der Unmut der Bauern, deren Notlage schon in der Vergangenheit wiederholt zu Revolten in verschiedenen Regionen Mitteleuropas Anlass gab, weiter angeheizt. Wenn auch Martin Luther etwa mit seinem Ausspruch: „Wer sind denn diese Fürsten, die vorschreiben wollen, was das Volk lesen und glauben soll", die Menge nicht zu einem Aufruhr aufstacheln wollte, so klangen diese Worte für viele doch wie ein Fanal zur Revolution. Und als Luther angesichts der steigenden Flut blutiger Exzesse sich gezwungen sah, mit der Streitschrift „Wider die räuberischen und mörderischen Rotten der Bauern" das rohe Vorgehen der Aufständischen im Reich schärfstens zu verurteilen, war es für die rebellierende Bauernschaft zu einer Kehrtwendung bereits zu spät.

Das eigentliche Zentrum des großen deutschen Bauernkrieges war Schwaben, während der Süden und der Südosten vorerst noch ausgeklammert blieben. Erst mit der brutalen Niederwerfung der bäuerlichen Rebellen in Süddeutschland durch die Truppen des Schwäbischen Bundes begann es auch in österreichischen Ländern und in Salzburg zu gären. Waren es im Erzbistum zunächst

Krieg der Bauern gegen ihre Herren, Szene aus den Bauernkriegen 1525. ???

Porträt eines Bauernführers
während der Belagerung der Festung Hohensalzburg 1525.

nur die Bergknappen im Gasteinertal, die sich gegen den Adel, die kirchlichen Herren und vor allem gegen das überaus harte Regiment ihres Landesfürsten auflehnten, so schloss sich ihnen alsbald auch die Bevölkerung im Flachland an. Doch im Gegensatz zu den betroffenen deutschen Gauen konnten die Bauern im Lande Salzburg nur mühsam, und wenn überhaupt, dann „mehr aus Furcht denn aus freiem Willen“ als Mitstreiter der Bergknappen gewonnen werden.

Der straffen Organisation der mächtigen „Berg- und Hüttenherren“, der Kampftüchtigkeit und dem Mut der Knappen, ganz besonders aber der überaus klugen und besonnenen Führung des aus Brixen stammenden Bauernführers Felix Gruber gelang es, auf dem Marsch der Aufständischen nach Salzburg-Stadt alle Hindernisse einschließlich der stark bewehrten Festung Hohenwerfen kampflos zu überwinden; ja selbst die Besitzergreifung der Stadt selbst wurde durch freiwillige Öffnung aller Stadttore ohne Gegenwehr ermöglicht. Während sich der Kardinal aus Angst auf seine Festung Hohensalzburg flüchtete, brachen die Bauern in seine Residenz ein, wo sie in ihrem Kampfrausch vieles raubten und zerstörten. Doch ihr wesentlichstes Ziel erreichten sie nicht: Indem sie nämlich in der fürstlichen Hofkammer alle Rechnungen und Register zerrissen, in der Hoffnung, damit die Urkunden der drückenden landesherrlichen Abgaben auf ewig getilgt zu haben, konnten sie nicht ahnen, dass die wichtigsten Dokumente rechtzeitig vor ihnen in die Festung gerettet werden konnten.

Die Festung Werfen

Feld zwischen Altenmarkt und Radstadt, auf welchem die Bauernverbände die zur Entsatzung des Erzbischofs herbeigeeilten Truppen des Grafen Dietrichstein vernichtend schlugen. Um 1790.

Der auf seiner Burg eingeschlossene Erzbischof hoffte indessen auf Ersatz in Gestalt des Grafen Dietrichstein, dessen Truppen jedoch schon auf dem Weg nach Salzburg bei Radstadt durch einen Überfall der Bauern fast völlig vernichtet wurden. Aber auch der Rettungsversuch Erzherzog Ferdinands, der mit neuem Kriegsvolk unter der Führung des Grafen Salm dem Kardinal zu Hilfe kommen wollte, blieb erfolglos und konnte den Erzbischof aus seiner misslichen Lage nicht befreien. Nach einer vierzehnwöchigen Belagerung der Festung Hohensalzburg wurde Kardinal Lang klar, dass eine wirksame militärische Hilfe nur vom Schwäbischen Bund zu erwarten war. Er sandte deshalb seinen Kanzler zum obersten Feldhauptmann dieses Bundes, den Herzog Ludwig von Bayern, dem er als Gegenleistung für die Hilfe durch den Schwäbischen Bund die verbindliche Zusage geben musste, Herzog Ernst von Bayern als seinen Koadjutor und späteren Nachfolger als Erzbischof von Salzburg zu akzeptieren. Herzog Ernst war ein gebildeter Mann, der es sich unter anderem zur Aufgabe machte, alle erreichbaren Schriften des zweimal auch in Salzburg tätigen Gelehrten Theophrastus Bombastus von Hohenheim, des berühmten Paracelsus, zu sammeln, die heute in Heidelberg verwahrt werden.

Theophrastus Bombastus von Hohenheim Paracelsus
Gemälde von Quentin Massys

Am 16. August war es dann so weit: Die beachtliche Streitmacht des Schwäbischen Bundes unter ihrem Anführer, dem berühmten Landsknechtführer Georg von Frundsberg (1473–1528), dem „Vater der Landsknechte", der auch für die Plünderung Roms, den „Sacco die Roma", durch die Landsknechte König Karls V. 1527/28, verantwortlich war, erschien vor der stark befestigten Stadt Salzburg. Nach einigen taktischen Überlegungen kam man zu der einvernehmlichen Einsicht, dass ein offener Kampf mit unverhältnismäßigen Verlusten erkauft werden müsste, weshalb man einem Vermittlungsversuch gegenüber einer militärischen Entscheidungsschlacht den Vorzug gab. So kam es zu einem Friedensvertrag, in welchem festgehalten wurde, dass sich die Aufständischen auf Gnade und Ungnade dem Schwäbischen Bund ergeben und ihnen dafür volle Amnestie zugestanden wird.

Während nach der Niederschlagung der Bauernkriege in Süddeutschland die Aufständischen grauenhaften Bestrafungsmaßnahmen mit Abschlachtung tausender Bauern ausgesetzt waren, konnte mit dem Salzburger Friedensschluss durch die gewährte Amnestie ein unblutiges Ende erzielt werden. Umso bemerkenswerter ist es, dass ausgerechnet Salzburg das einzige Territorium im Reich war, wo man sich mit dem Erreichten nicht zufrieden gab und ein Jahr später nochmals eine kriegerische Auseinandersetzung mit dem geistlichen Landesherrn für angebracht hielt. Dieser als „Pinzgauer Bauernkrieg“ bezeichnete Aufstand unterschied sich allerdings wesentlich von jenem des Vorjahres. Er war nämlich diesmal, angeführt von dem berühmten Tiroler Bauernführer Michael Gaismair, von einer radikal gesinnten Gruppe von Landsknechten und verbitterten besitzlosen Landarbeitern getragen, der es nur unter massiver Gewaltandrohung gelungen war, Gewerken, Bergknappen und Bauern in ihre Reihen einzugliedern. Das Bürgertum in den Märkten und Städten des Erzbistums verweigerte seine Mitwirkung vollends und konnte nur durch rohe Gewaltanwendung zur Leistung von Beitragszahlungen gezwungen werden. Diesmal war der Erzbischof weit besser vorbereitet. Es gelang ihm nämlich, Michael Gruber, den Sieger über die Truppen des Grafen Dietrichstein im vorjährigen Bauernkrieg, mit diplomatischem Geschick zusammen mit einigen anderen führenden Köpfen der damaligen Aufständischen auf seine Seite zu ziehen. So gelang es Michael Gruber, der jetzt Kommandant der erzbischöflichen Söldnertruppe war, gemeinsam mit Verbänden des zu Hilfe gerufenen Schwäbischen Bundes in blutigen Auseinandersetzungen mit entsetzlichen Kriegsgräueln die Revolte niederzuschlagen. Die Hauptanführer wurden hingerichtet und die Bürger der Residenzstadt büßten ihre passive Haltung den Aufständischen gegenüber mit dem endgültigen Verlust all ihrer bürgerlichen Rechte. Gaismair selbst entkam und floh über die Hohen Tauern nach Süden. Seine Vision einer demokratischen Bauernrepublik, für die er in seinem Schweizer Exil eine „Tirolische Landesordnung“ entworfen hatte, hatte sich als nicht durchsetzbar erwiesen und wurde erst viel später in der Schweiz verwirklicht.

Die mit den kriegerischen Unruhen entstandene Verschlechterung der wirtschaftlichen Lage im Erzstift bedeutete weiterhin ein gefährliches Pulverfass. Verschlang doch der Bauernkrieg allein zur Behebung aller Schäden eine Summe, die vom Erzbischof mit dreihunderttausend Gulden beziffert wurde. Dazu drohten unglücklicherweise neue finanzielle Belastungen zur Abwehr der heranrückenden Osmanen, die nach ihrem Sieg bei Mohacs mit ihren ersten Reiterscharen bereits die Umgebung von Wien erreicht hatten und für deren Bekämpfung Erzherzog Ferdinand von Österreich vom Salzburger Landesherrn eine Türkenhilfe in der Höhe von zwanzigtausend Gulden verlangte. Um durch diese neuerliche Belastung der ländlichen Bevölkerung einem möglichen Aufflammen revolutionärer Tendenzen entgegenzuwirken, entschloss sich der Kardinal diesmal zu einem Mandat, in welchem er den wichtigsten Forderungen der Bauernschaft Rechnung zu tragen versprach. Ausschlaggebend für dieses „Entgegenkommen" war ein neuerlicher Vorfall in einem Gebirgsgau, bei dem eine Rotte unzufriedener Bauern gegen Beamte des Erzbischofs tätlich vorgehen wollte. Natürlich war mit der Verhaftung und Hinrichtung der Rädelsführer dieses lokale Geschehen rasch unter Kontrolle zu bringen, doch zeigte es, wie brisant die allgemeine Sicherheitslage im Lande noch war. Matthäus Lang sah sich deshalb veranlasst, eine so genannte „Hauptmannschaftsordnung" zu erlassen, in welcher die Pflichten des Hauptmannes nun auch auf die „peinliche Gerichtsbarkeit" erweitert wurden, in der ein Geständnis auch durch Folter erpresst werden konnte. Nur die Bestrafung von „Majestätsverbrechen" blieb weiterhin ausschließlich dem Landesfürsten vorbehalten. Durch diese juristische Regelung des Obersten Gerichts gelang es Lang, eine größtmögliche Stärkung der landesfürstlichen Gewalt über seine Untertanen im Erzstift zu erreichen.

Das besondere Anliegen des Kardinals blieb allerdings nach wie vor, das „lutherische Gift" innerhalb seiner Kirchenprovinz auszutilgen. Dabei traf sein hartes Vorgehen gegen die häretische Lehre weniger die Anhänger Luthers, gegen die man ähnlich wie in den Nachbarsländern schon aus staatspolitischen Gründen nicht allzu rigoros auftreten wollte, sondern vielmehr jene als besonders gefährlich eingestufte Sekte der „Wiedertäufer", die sich in den salzburgischen Gauen auszubreiten begann.

Diese „Wiedertäufer", die so wie Huldrych Zwingli in Zürich der Überzeugung waren, die Christenheit müsse wieder zu dem schlichten Kult ihrer Frühzeit zurückkehren, verwarfen die herrschend gewordene Synthese von Kirche und Staat. Mit der 1523 erfolgten Trennung von Zwingli durch Konrad Grebel entstand so jene anabaptistische Sekte, deren oberstes Ziel die Schaffung eines so genannten Freikirchentums war, in welchem Zwangsbekehrungen schärftens abgelehnt wurden. Diese Lehre der „Wiedertäufer" erfuhr deshalb vor allem in den Gebirgsgauen des Erzstifts so regen Zulauf, weil dort der Unmut gegen die weltlichen Willkürmaßnahmen des gestrengen geistlichen Landesfürsten besonders ausgeprägt war.

Hinrichtung des „evangelischen Märtyrers“ Georg Scherer
aus Saalfelden auf dem Richtplatz in Radstadt, 1528.

Lang sandte nämlich in diese Täler seine „heimlichen Kundschafter“ aus, die nach Art des späteren Spitzelwesens Metternichs mit akribischem Eifer Anhänger dieser Sekte ausforschten. Wurden sie entdeckt, erwarteten sie barbarische Strafen: Weigerten sie sich, ihrem Irrglauben abzuschwören, wurden sie bei lebendigem Leib verbrannt; widerriefen sie ihren Glauben, fiel das Urteil „milder“ aus – sie wurden vor ihrer Verbrennung zuerst enthauptet oder ertränkt! Einem solchen Ketzerprozess fiel auch der offensichtlich psychisch kranke Franziskaner Georg Scherer zum Opfer, dessen öffentliche Hinrichtung im Erzstift den Volkszorn in gefährlichem Ausmaß erregte. Diese Suche nach Wiedertäufern wurde im Lande Salzburg noch das ganze 16. Jahrhundert hindurch betrieben und noch kurz vor dem Tod Matthäus Langs im Jahr 1540 fanden zwei weitere Ketzerprozesse statt. Da der gestrenge Kardinal zuletzt an Altersschwachsinn litt, hatte er davon wohl keine Notiz mehr genommen.

Für Kaiser Karl V. (1500–1558) war jetzt die Zeit gekommen, endlich im Inneren des Reiches die Religionsfrage einer endgültigen Lösung zuzuführen und der lutherischen „Ketzerei“ Einhalt zu gebieten. Leider wurde auf dem 1530 einberufenen Reichstag von Augsburg keine Einigung erzielt, nicht zuletzt

Kaiser Karl V.

wegen des unnachgiebigen Verhaltens Kardinal Langs, der den Kaiser dorthin begleitete und sich notfalls für ein gewaltsames Vorgehen gegen die Protestanten aussprach, falls diese sich der vom Kaiser erhofften Unterwerfung widersetzen sollten. Die Gegensätze zwischen der von Melanchthon verfassten Augsburger Konfession und der katholischen Gegenerklärung verschärften sich auf diese Weise in einem Maße, dass die protestantischen Stände beschlossen, ein Verteidigungsbündnis in Form des so genannten „Schmalkaldischen Bundes“ gegen die Religionspolitik des Kaisers zu schließen. Das Ziel dieses Bundes, die Freiheit der Fürsten vor der Zentralgewalt des Kaisers zu schützen, veranlasste sogar das katholische Bayern, sich diesem Bund anzuschließen. Nun entschloss sich der Kaiser, die protestierenden Stände militärisch niederzuwerfen, was zum Schmalkaldischen Krieg führte. Der dabei erreichte überzeugende Sieg über die Protestanten

Der Augsburger Reichstag vom Jahr 1555, an welchem im Beisein der Abgeordneten des Salzburger Erzbischofs der „Augsburger Religionsfriede" geschlossen wurde.

Ferdinand I.

ließ den Kaiser hoffen, auf dem „geharnischten Reichstag" zu Augsburg sie wieder in die reformierte katholische Kirche des Reiches eingliedern zu können. Doch auch dieses Interim scheiterte letztlich an dem hartnäckigen Widerstand der deutschen Kurfürsten. Erst sieben Jahre später gelang es König Ferdinand I., dem Bruder des Kaisers, im 1555 geschlossenen „Augsburger Religionsfrieden" den Angehörigen der protestantischen Stände, sofern sie als Lutheraner dem Augsburger Bekenntnis zugehörig waren, völlige Religionsfreiheit sicherzustellen. Von nun an stand es mit dem interpretierenden Rechtssatz „cuius regio eius religio" dem Landesfürsten frei, die Religion seiner Untertanen zu bestimmen. Wer sich dem Bekenntnis seines Landesherrn nicht anschließen wollte, musste Hab und Gut verkaufen und sich außer Landes begeben – also ausgewiesen zu werden.

Kaiser Ferdinand I. von Habsburg (1503–1564), der nach dem Tode Karls V. die Regierung im Reich übernahm, akzeptierte, zumindest offiziell, gemeinsam mit den katholischen Reichsständen

Maximilian II.

Rudolf II.

die Beschlüsse des 1563 zu Ende gegangenen Reformkonzils von Trient, das die eigentliche Gegenreformation einläutete. In Wahrheit neigte er hingegen ebenso wie sein Sohn Maximilian II. (1552–1612), der dem Vater nach dessen Tod im Jahr 1564 auf den Thron folgte, dem evangelischen Glauben zu. Erst sein Bruder, der in Spanien als strenggläubiger Katholik erzogene spätere Kaiser Rudolf II., kehrte seit 1576 wieder auf den „rechten" Weg der Kirche zurück.

In Salzburg zählte der 1554 zum Erzbischof gewählte Michael von Kuenburg (1554–1560), der bei den Verhandlungen des Religionsfriedens in Augsburg zugegen war, zu den heftigsten Gegnern dieses Übereinkommens. Fest entschlossen, entschieden gegen die Protestanten vorzugehen, wies er auch die weltlichen Beamten an, unerbittlich allen Irrlehren entgegenzutreten und Personen, die gegen die römisch-katholischen Gebote verstießen, unverzüglich zur Anzeige zu bringen. Diese radikale Haltung des Salzburger Erzbischofs brachte ihm beim Papst Paul IV. (1555–1559) höchstes Lob ein. Dieser Papst reorganisierte in seiner fast paranoiden Verfolgungswut gegen die Ketzer das Inquisitionsgericht zu einem wahren mittelalterlichen Schreckensinstrument, das Personen selbst wegen unbedeutender Vergehen wie Nichtbeachtung des Fastengebotes zum Tode verurteilte und zur Erpressung eines Geständnisses auf Geheiß des Papstes freizügig die Folter zur

Papst Paul IV.

Porträt von Niccolò Machiavelli, dem italienischen Staatsmann und Verfasser der berühmten politischen Schrift „Der Fürst" (1469–1527).

Anwendung bringen durfte. Der pathologische Glaubenseifer dieses Papstes, den die Geschichte „den Fleisch gewordenen Zorn Gottes" bezeichnet hat, kommt wohl am deutlichsten durch seinen bekannten Spruch zum Ausdruck: „Wäre mein eigener Vater ein Ketzer, ich würde persönlich das Holz sammeln, um ihn zu verbrennen." Kein Wunder also, wenn er den Salzburger Erzbischof Michael immer wieder aufforderte, sich „den Anschlägen der Ketzer mit aller Kraft zu widersetzen und es an seinem pflichtgemäßen Eifer zur Ausrottung der lutherischen Ketzerei nicht ermangeln zu lassen". Trotz der nur sechsjährigen Amtsperiode Michaels leitete er mit seinem Übereifer bei der Bekämpfung des Luthertums als williges Instrument zur Durchsetzung der Forderungen des Trientiner Konzils nun auch im Erzstift Salzburg die Gegenreformation ein. Die Strategen der kämpfenden Kirche sind dabei mehr und mehr die Jesuiten geworden. Es geschah durchaus nicht alles durch sie, aber bald nichts ohne sie. Wenn das alte Papsttum in den Königen nur Vasallen seiner Universalherrschaft hatte anerkennen wollen, so besorgte nun der Jesuitenorden die Verbindung zwischen der modernisierten Kirche und dem Absolutismus. Die Jesuiten, die an Disziplin und Machiavellismus dem Fürstenwesen tief verwandt waren, bauten eine neue Kampfgemeinschaft auf, die alles unter den geistigen Supremat Absolutismus des Papstes zwang. Theologen aus dem Jesuitenorden sind es auch gewesen, die den Beschlüssen des Konzils von Trient ihren unversöhnlichen Charakter gaben. Reformgedanke und Konzils-Superiorität fanden hier Abschluss und Absage zugleich: Die Kirche verfluchte die Abgefallenen als Ketzer und lehnte jede Wiedervereinigung auf Grund von Zugeständnissen ab. Das Papsttum erhielt Omnipotenz und letzte Autorität. Dogmatisch wurde vieles erst jetzt niedergelegt, aber es war das geschichtlich Überkommene. Mit ihrem zentralistischen und hierarchischen Machtanspruch, mit dem sie ihren autoritären Rang als alleinige Heilsanstalt beanspruchte, entfernte sie sich noch mehr als bisher mit aller Bestimmtheit vom Urchristentum eines Augustinus, indem sie sich nun zu Thomas von Aquin bekannte. Zumindest nach außen hin führten die Päpste der Gegenreformation wieder ein geistliches Leben, doch glich sich der päpstliche Hof mit all seinen Würdenträgern und seiner Truppenmacht mehr und mehr dem zeitgenössischen Absolutismus an.

Unter den weltlichen Herrschern begannen die Angriffe der Gegenreformation noch unter Kaiser Ferdinand I., unter dessen Regierung in Deutschland die ersten schroffen Austreibungen der Protestanten unter dem Einfluss des sich ausbreitenden Jesuitenordens stattfanden. Die wahren neuen Typen des absolutistischen katholischen Herrschers erstanden erst in der Person von zwei Schülern der Jesuiten-Universität Ingolstadt, Maximilian von Bayern und Erzherzog Ferdinand von der Steiermark. Beide vertrieben die protestantischen Bauern mit aller Brutalität von Haus und Hof und die peinliche Gerichtsordnung Kaiser Karls V., das einzige Reichsgesetz, das er durchsetzen konnte, beschäftigte Rad und Galgen.

In jener Zeit der Glaubensstreitigkeiten trat mit dem Erzbischof Wolf-Dietrich von Raitenau (1587–1612) in Salzburg gleichsam der Paradefall eines geistlichen Landesfürsten auf die Bühne der Geschichte, dessen Ziel es neben gegenreformatorischen Maßnahmen ähnlich seinen Vorgängern es vordringlich war, den fürstlichen Absolutismus auch im Erzstift Salzburg zum endgültigen Durchbruch zu verhelfen. Wäre er doch seinen eigenen Worten nach viel lieber anstelle der kirchlichen Karriere in die kriegerischen Fußstapfen seines Vaters getreten. Sein müheloser, rascher Aufstieg als privilegierter Jüngling von achtundzwanzig Jahren zu einem geistlichen und weltlichen Fürsten mit unumschränkter Macht, dem alle Untertanen ergeben zu Füßen lagen, kam seinem herrschsüchtigen Wesen sehr entgegen und machte ihn nicht nur zu einem der glänzendsten Fürsten Salzburgs, sondern gleichzeitig auch zum Prototyp eines absolutistisch regierenden Renaissance-Fürsten im Sinne Niccolò Macchiavellis, ganz ähnlich wie manche Päpste jener Zeit in Rom. In Macchiavellis Rezeptbuch „Principe“ wurde orientalisch-römische Despotie ins Aktuelle transponiert: Nur der bezwingt die Geschichte, der Herr eines Augenblicks zu sein vermag und der moralisch und religiös indifferent mit allen zur Verfügung stehenden Machtmitteln gewillt ist, ein absolutes Fürstentum zu errichten. Wie sehr diese „klassische Bibel der Staatskunst Macchiavellis“ Wolf Dietrich als Richtschnur seines Handelns galt, beweist das von ihm selbst verfasste Traktat mit dem gleichen Titel „De Principe“, in welchem er seine eigene Ansicht über die Ausübung der Regierung eines absolutistisch herrschenden Fürsten niederlegte.

In der Praxis setzte er seine Vorstellungen schon unmittelbar nach seinem Regierungsantritt mit der Proklamation seines „Ewigen Statuts“ (1603) um, in welchem er seinen Untertanen zu verstehen gab, dass nach den Worten dieses Statuts „das vornehmste Haupt und Glied des Erzstiftes der jeweils regierende Erzbischof ist, dem jedes geistliche und weltliche Mitglied des Landes unterworfen ist“. Solche Vorstellungen eines eitlen, machtbesessenen Mannes beinhalteten alle nötigen Voraussetzungen für die Fortsetzung eines scharfen gegenreformatorischen Kurses im Erzstift nach dem Vorbild des gewaltigsten neuen Papstes der Gegenreformation, Sixtus V., von dem er kurz nach seinem Amtsantritt in Rom das Pallium verliehen bekam. So wie im Kirchenstaat der Papst,

Erzbischof Wolf-Dietrich von Raitenau

verlangte auch Wolf-Dietrich vom Bürgermeister und dem gesamten Stadtrat Salzburgs unverzüglich, das Tridentinische Glaubensbekenntnis abzulegen. Diese Forderung galt ebenso für die Bürger, die er wissen ließ: Wer sich nicht öffentlich zum katholischen Glauben bekannte, erhielt den Befehl, Stadt und Erzstift bei gleichzeitigem Verlust seines Hab und Guts innerhalb eines Monats zu verlassen. Mit dieser Androhung verschreckte er die Bevölkerung derart, dass es seit 1594 niemand mehr wagte, diesen Glaubenseid zu brechen.

Mit der gleichen Strenge ging Wolf-Dietrich auch auf dem weltlichen Sektor vor, indem er den Landständen ab sofort keine wie immer geartete Mitregierung mehr gestattete. Darüber hinaus ließ er sie, ohne vorherige ordentliche Einberufung des Landtages, in Kenntnis setzen, dass ab sofort die Steuern nicht mehr wie bisher an die Landschaft, sondern unmittelbar an die erzbischöfliche Kammer abzuliefern seien. Größte Empörung aber löste der Befehl des Erzbischofs aus, im gesamten Erzbistum den Grundstock der erzbischöflichen Güter in allen Einzelheiten neu zu registrieren, um eine optimale Einschätzung der abzuliefernden Steuern festsetzen zu können. Diese Anordnung führte zu einem Eklat, der die Achtung und das Ansehen des Landesfürsten für immer beschädigte. Die verzweifelten Bauern wandten sich nämlich an einen viele Jahre als Richter ihres Gaues amtierenden Pfleger mit dem Ersuchen, ihnen zu helfen, da sie durch weitere Erhöhung ihrer steuerlichen Abgaben „in Verderben und Armut“ geraten würden. Der Pfleger erklärte sich bereit, eine so vorsichtig und unterwürfig wie nur möglich formulierte Bittschrift an den Landesherrn zu richten, er möge angesichts der extremen Notlage der Bauern im Erzstift bei der Neutaxierung ihrer steuerlichen Abgaben Milde walten lassen. Der eitle, im höchsten Grad präpotente und rücksichtslose Erzbischof witterte jedoch in dieser Petition eine aufkeimende, lokale Rebellion. Er ließ umgehend die „Rädelsführer“, die mit dem Pfleger Verbindung aufgenommen hatten, aber auch den Pfleger selbst, festnehmen und in Salzburg aburteilen. Selbst für den jahrzehntelang treu gedienten Pfleger gab es keine Milde – sie wurden allesamt wegen Ver-

Porträt von Salome Alt, der Lebensgefährtin Wolf Dietrichs, der sie in den Adelsstand als derer von Altenau erhob.

Das Gartenschloss Mirabell,
das Wolf Dietrich für seine Salome errichten ließ. Stich um 1730.

dachts auf Konspiration hingerichtet. Diese drakonische Härte Wolf Dietrichs entsprang seiner beständigen Angst vor einer gegen ihn gerichteten Verschwörung im Sinne einer Art Angstpsychose, von der ja bekanntlich Gewaltherrscher nicht selten befallen werden. Bezeichnend für seinen fragwürdigen Charakter waren die Sorglosigkeit und die Freiheit, die er seiner eigenen Person zugestand. Entgegen den strengen Regeln des Trientiner Konzils stellte offenbar sein Konkubinat mit der schönen Salzburgerin Salome Alt, mit der er mehrere Kinder zeugte, kein Problem dar. Sah er doch mit eigenen Augen während seines mehrjährigen Aufenthaltes am päpstlichen Hof in Rom, dass trotz des geforderten Zölibats für Priester das Konkubinat weiterhin fröhliche Urstände feierte, und zwar nicht nur beim niederen Klerus, sondern hinauf bis in die Kurie, ja sogar gelegentlich bis in die päpstlichen Privatgemächer.

Ging Wolf-Dietrich im Inneren seines Herrschaftsbereiches, sei es bei der Reglementierung seiner Untertanen oder sei es im städtebaulichen Sinn bei der radikalen Neugestaltung seiner Residenzstadt, äußerst hart und entschlossen vor, so inkonsequent und undiplomatisch agierte er in außenpolitischer Hinsicht, was ihm letztlich auch zum Verhängnis wurde. Schon in seinen ersten Regierungsjahren handelte er sich im Reich ebenso wie im Hause Habsburg den zweifelhaften Ruf eines Fürsten ein, dem es am Gefühl einer Zusammengehörigkeit und einer patriotischen Pflichterfüllung fehle. Als im Mai 1594 Kaiser Rudolf II. (1552–1612) auf dem Reichstag zu Regensburg die Fürsten des Reiches zur solidarischen Hilfeleistung im Kampf gegen die heranrückenden osmanischen Truppenverbände aufrief, machte er sich unter Außerachtlassung jedes diplomatischen Feingefühls weitaus mächtigeren Fürsten gegenüber in eitler und überaus selbstbewusster Manier als Sprecher wichtig, um die Dringlichkeit des vom Kaiser vorgebrachten Aufrufes zu unterstreichen. Die positive Haltung zugunsten des Kaisers war allerdings ernst gemeint, denn er blieb während der Abwehr der türkischen Angriffe auf die Südostflanke des Reiches fest an der Seite des Habsburgers. Als er jedoch während eines Jahrzehnts des „habsburgerischen Schlendrians" auf dem Kriegsschauplatz immer deutlicher gewahr wurde, brandmarkte er in undiplomatisch abfälliger Weise die Inkompetenz der kaiserlichen Militärführung. In seiner besserwisserischen und wichtigtuerischen Art unterbreitete er stolz in einem eigenen Türken-Gutachten in scharfer Diktionsweise seine Verbesserungsvorschläge. Da diese jedoch von den kaiserlichen militärischen Beratern im Reich nicht zur Kenntnis genommen wurden, fühlte sich der überaus eitle Kirchenfürst in seiner Ehre so verletzt, dass er seine ganze bisherige Politik abrupt änderte und bekannt gab, weiteren Verhandlungen über die Türkenhilfe fernzubleiben. Zu diesem Entschluss fühlte er sich voll berechtigt, da er sich nach Jahren eigener Studien der bedeutendsten Kriegsautoren für einen erfahrenen Feldherrn hielt, der nebenbei soeben an einem Werk über „Biblische und christliche Kriegsordnung" schrieb.

Während seine politische Kehrtwendung sein Verhältnis zum Kaiserhaus offenbar nicht ernstlich trübte, wurde er infolge schwerwiegender Konflikte mit dem benachbarten Bayern nach den Worten Ortners allmählich zum „Intimfeind" Herzog Maximilians. Neben der ständigen Rivalität in der militärischen Führung des „Bayerischen Reichskreises" lag der eigentliche

Burg oberhalb der Salzburger Grenzstadt Gmünd. Um 1655.

Zankapfel in der Frage der „Katholischen Liga“, die 1608 als Antwort auf die Gründung der protestantischen Union süddeutscher Reichsfürsten unter dem Direktorium des Kurfürsten von der Pfalz ins Leben gerufen wurde. In diesem militärischen Sonderbund zur Wahrung des rechtmäßigen alten katholischen Glaubens sollte das Erzstift Salzburg als „Adjunkt“ dem Obersten der Liga, Herzog Maximilian von Bayern, zur Seite gestellt werden. Dies lehnte aber der Salzburger Erzbischof, der sich militärisch kompetenter einschätzte, aus gekränkter Eitelkeit ab, worauf das Bündnis der „Katholischen Liga“ kurzerhand ohne Teilnahme Salzburgs unterzeichnet wurde.

In dieser gereizten Stimmung ließ sich Wolf-Dietrich dazu hinreißen, den schon lange zwischen Salzburg und Bayern hin und her wogenden Streit um die Beherrschung des überaus lukrativen Salzhandels in Bad Reichenhall durch einen militärischen Handstreich endlich zu einem Abschluss zu bringen. In seiner Verblendung verdrängte er das ungleiche Kräfteverhältnis zwischen Bayern und Salzburg. In völliger Verkennung der Realität bestand er trotz des raschen Vordringens der bayerischen Streitkräfte in

Erzbischof Marcus Sitticus, Graf von Hohenems (1612–1619).

hochfahrender Manier eines überlegenen Feldherrn auf hartnäckiger Fortsetzung des Widerstandes seiner Truppen. Als er endlich die Aussichtslosigkeit des ungleichen Kräftemessens erkannte, blieb ihm nicht mehr genügend Zeit, um sich durch eine Flucht zu seinem Bruder Rudolf zu retten, der als Herrschaftsinhaber von Gmünd im benachbarten Kärnten innerhalb des von starken Mauern umgebenen Ortes Sicherheit bot. Knapp hinter der

Kaiser Matthias

Kaiser Ferdinand II.,

salzburgischen Landesgrenze wurde er von nachsetzenden bayerischen Verbänden eingeholt und als Gefangener auf die Festung Hohensalzburg gebracht, wo er nach sechsjähriger schmachvoller Isolierung starb.

Sein Nachfolger, Erzbischof Marcus Sitticus Graf von Hohenems (1612–1619), war nicht so begabt wie sein Vetter. Sein Hauptaugenmerk richtete sich einzig darauf, dem Heiligen Stuhl in Rom unterwürfig ergeben, die gegenreformatorischen Bestimmungen des Trientiner Konzils schonungslos umzusetzen. Außenpolitisch hielt er sich an die Tradition seines Vorgängers, wenn auch diplomatischer, indem auch er den Beitritt Salzburgs zur Katholischen Liga weiter hinauszögerte. Mit dieser Haltung nahm er eine habsburgerfreundliche Haltung im Reich im Sinne Kaiser Matthias' (1527–1576) ein, der offenbar eine zunehmende Radikalisierung zwischen der Katholischen Liga und der Protestantischen Union mit all ihren gefährlichen Konsequenzen schon voraussah. Wie begründet diese Sorge war, bewies die rasante Eskalation dieses konfessionellen Konflikts unter dem brutalen Glaubensfanatiker Erzherzog Ferdinand, der 1617 zum König von Böhmen und ein Jahr später auch zum König von Ungarn gekrönt wurde. Dieser naive Frömmler, der völlig abhängig von seinen Beichtvätern in ständiger Gewissensnot lebte, vernichtete schon wenige Jahre zuvor den Protestantismus in

Innerösterreich und wurde zu einer unheilvollen Schlüsselfigur im kommenden „Großen Krieg". Mit der Krönung Ferdinands II. (1578–1637) zum neuen Kaiser erfolgte auch im katholischen Salzburg ein Meinungsumschwung, indem man nun beschloss, endlich auch den Beitritt zur Katholischen Liga zu unterzeichnen. Für die nahe Zukunft des Erzstiftes war es ein Glück, dass es infolge des Todes von Marcus Sitticus nicht mehr zu diesem folgenschweren Schritt kam und die seit der Regierung Wolf-Dietrichs hartnäckig vertretene Neutralität des Erzstiftes gewahrt blieb.

# DER DREISSIGJÄHRIGE KRIEG (1618–1648)

Der „Bruderzwist im Hause Habsburg" um die Erbfolgeregelung regte die böhmischen protestantischen Stände dazu an, von den Habsburgern weitere politische Rechte einzufordern. Hatten sie doch von Kaiser Rudolf II. (1552–1612), der auf dem Hradschin in Prag seine Residenz hatte und dem das religiös politische Gezänk zutiefst zuwider war, auf ihren Druck hin bereits in seinem „Majestätsbrief" Gewissensfreiheit für alle Bewohner des Landes zugesagt erhalten. Doch der erzkonservative, frömmelnde und dennoch so rücksichtslos handelnde Erzherzog Ferdinand war nicht gewillt, solche Zugeständnisse seines verstorbenen Bruders anzuerkennen, was unter der Bevölkerung helle Empörung auslöste. Eine protestantische Gruppe versammelte sich daraufhin vor dem Hradschin, drang mit Gewalt in die Burg ein und warf im Streit zwei königliche Statthalter und einen Geheimsekretär aus dem Fenster in den Schlossgraben hinunter. Dieser „Zweite Prager Fenstersturz" vom 23. Mai 1618 war der eigentliche Auslöser des Dreißigjährigen Krieges, ähnlich wie zwei Jahrhunderte zuvor der „Erste Prager Fenstersturz" den Auftakt zu den Hussitenkriegen bildete. Ferdinand, der auf scharfe Maßnahmen gegen die böhmischen Rebellen drängte,

Zweiter Prager Fenstersturz vom 23. Mai 1618. Die beiden Statthalter Martiniz und Slavata überlebten den Sturz aus 17 Metern Höhe aus den Fenstern der Prager Burg.

Erzbischof Paris Lodron, Gründer der Salzburger Universität (1619–1653).

wartete nur noch seine Wahl zum deutschen Kaiser ab, um sich ihnen zuzuwenden. Mit Hilfe seines genialen Feldherrn Graf von Tilly wurde durch die siegreiche „Schlacht am weißen Berg" das Ringen um Böhmen rasch entschieden. Auf Anordnung des habsburgischen Kaisers wurden die Anführer des Aufstandes am Prager Altstädterring hingerichtet und mit dem eigenhändigen Zerreißen des von seinem Bruder gewährten Majestätsbriefes wurden die Böhmen von Ferdinand aller bisherigen Freiheiten beraubt. Zugleich büßten sie die letzten Reste ihrer staatlichen Unabhängigkeit ein, indem der junge Kaiser Böhmen und Mähren mit einem Federstrich nunmehr zu habsburgischen Erbländern degradierte.

Diese Ereignisse brachten noch für den Salzburger Erzbischof Marcus Sitticus eine Reihe von Belastungen mit sich, deren Höhepunkt die von Ferdinand beanspruchten Zahlungen im Rahmen der Türkenhilfe darstellten. Mit der im Ton eines Ultimatums geforderten außerordentlichen Kriegssteuer gab er dem verängstigten Erzbischof einen Vorgeschmack auf jene dreisten Methoden, deren sich die Habsburger bei Bedrohung ihrer Hausmacht gern zu bedienen pflegten. Erst der nach dem Tod von Marcus Sitticus gewählte neue Erzbischof von Salzburg, Paris Lodron (1619–1653), war aus einem anderen Holz geschnitzt und deshalb nicht so willfährig wie sein Vorgänger. Zunächst setzte er außenpolitisch den bisherigen Kurs des Erzstiftes fort. Mit dem Beginn des Großen Krieges stand er jedoch vor der schwierigen Aufgabe, angesichts des in Böhmen aufgeflammten nationaldeutschen Reichspatriotismus der Katholischen Liga nur dem Reich gegenüber mit seiner strikten Wahrung der Neutralität des Erzstiftes eine diplomatisch vertretbare Haltung einzunehmen. Dies glaubte er dadurch zu erreichen, dass er sich bereit erklärte, auch als Nichtmitglied der kriegführenden Partei der Katholischen Liga in deren Kriegskasse finanzielle Kontributionen in der Höhe von insgesamt einhundertfünfzigtausend Gulden beizusteuern. Zu weiteren Zugeständnissen war der kluge und standfeste Erzbischof nicht zu bewegen, weder durch drohende Gebärden Herzog Maximilians von Bayern, des Kommandanten der Liga, noch durch dringende Aufforderungen seitens des Heiligen Stuhles in Rom. Mit dieser geschickten Politik gelang Paris Lodron das kleine Wunder, das Erzstift Salzburg aus den kommenden, immer bedrohlicheren kriegerischen Verwicklungen, insbesondere mit den Schweden, herauszuhalten, ohne dass es dabei zu einem irreversiblen Bruch mit der Katholischen Liga kam. War er doch immerhin stets bereit, im Notfall auch Truppenkontingente aus Salzburg zur militärischen Stärkung der Liga zur Verfügung zu stellen.

Auch innenpolitisch war die Handlungsweise Paris Lodrons durch den Großen Krieg geprägt. Schon von der ersten Stunde seiner Regierungszeit an ging er energisch daran, geeignete Maßnahmen zur Verbesserung der Verteidigungsmöglichkeiten seiner Residenzstadt nach einem strategisch ausgearbeiteten Plan in die Wege zu leiten. Zur raschen Verwirklichung dieses Plans einer so genannten „dritten Stadtbefestigung“ stand ihm der berühmte, aus dem

Santino Solari, Dombaumeister und Leiter der Befestigungsanlagen rund um die Stadt Salzburg während des Dreißigjährigen Krieges.

schweizerisch-italienischen Grenzgebiet stammende Baumeister Santino Solari zur Verfügung, der sich bereits beim Bau des neuen Domes in Salzburg große Verdienste erworben hatte. Ihm war es zu verdanken, dass auf Grund seiner Erfahrungen mit modernen venezianischen Festungsbauten die Residenzstadt, welche „bis dato gleichsam ein offenes Dorf gewesen ist", in eine beinahe uneinnehmbare Trutzburg umgewandelt werden konnte. Zu diesem Zweck mussten die Festungsmauern durchwegs bereits auf weittragende Feuerwaffen berechnet und an Stelle von Türmen mit Basteien ausgestattet werden. Eine weitere dringende Maßnahme war die Neuorganisation des Militärwesens im Fürstentum. Da aus Kostengründen die Aufstellung eines Heeres von Berufssoldaten nicht möglich war, führte Paris Lodron die „Beschreibung einer Landfahne“ ein. Zusätzlich zu dieser Landfahne ließ er seit 1620 zur Verstärkung einige tausend Mann anwerben, die in der Stadt, auf den Pässen und an den Grenzen des Erzstiftes postiert wurden. Für die Umsetzung dieses ausgeklügelten Verteidigungsplanes entstanden Schulden in der Höhe von insgesamt rund zwei Millionen Gulden, die von den Landständen getragen werden mussten, indem er die bisherige Landessteuer um ein volles Drittel anhob und die Steuerpflicht auch auf die privilegierten Stände ausdehnte, zu denen neben den Mitgliedern des Ritterstandes nun auch die Prälaten und der Erzbischof selbst zählten.

Wie wichtig diese Bemühungen zum Schutz des Erzstiftes waren, war schon sehr bald zu erkennen. Da nämlich Kaiser Ferdinand II. im Jahr 1620 als Gegenleistung für die Hilfe der Bayern im böhmischen Krieg das „Land ober der Enns“ an die Wittelsbacher verpfändet hatte, war die Bevölkerung dieser Region zunehmend

Basteien zum Schutz der nördlich gelegenen Stadtteile. Um 1644.

einer rücksichtslosen Ausplünderung durch die bayerische Soldateska ausgeliefert und grausam unterdrückt, weshalb sie schließlich zu den Waffen griff und sich unter dem Kommando des berühmten Bauernführers Stefan Fadinger zur Wehr setzte. Eigentlicher Auslöser dieses Bauernaufstandes waren die brutalen Methoden bei der Rekatholisierung Oberösterreichs durch den berüchtigten bayerischen Statthalter Graf Herberstein, der diesen Aufruhr unter anderem auch zum Anlass nahm, mit sadistischem Vergnügen dem berüchtigten „Frankenburger Würfelspiel" beizuwohnen, in welchem er sechsunddreißig angesehene Vertreter der Bauernschaft um ihr Leben würfeln ließ. Die schrecklichen Szenen, die sich bei diesem Spektakel damals abspielten, sind der Nachwelt bis heute im Gedächtnis geblieben. Erzbischof Paris Lodron war damals in Sorge, dieser Bauernaufstand im benachbarten Oberösterreich könnte auch auf das Erzstift übergreifen, doch es gelang einer kaiserlichen Streitmacht, diese Rebellion rasch niederzuschlagen. Für Salzburg war die Gefahr vorbei, für das Land ober der Enns hingegen war damit der Weg für die Einführung gewaltsamer gegenreformatorischer Maßnahmen auch in diesem habsburgischen Bereich freigelegt. Dem Erzstift drohte unterdessen eine weitaus größere Gefahr angesichts des bedrohlich raschen Vormarsches der Schweden unter ihrem siegreichen König Gustav Adolf, der 1631 bereits den süddeutschen Raum erreicht hatte. Jetzt bewährten sich die umfangreichen Vorkehrungen Paris Lodrons zur Verteidigung des Erzstiftes. Welches Vertrauen in die Sicherheit dieses Bollwerkes rund um die Residenzstadt man damals setzte, bewies sogar der mächtige Kurfürst Maximilian von Bayern, dessen Gattin samt Familie unter Mitnahme von Schatz und Archiv er vor den herannahenden schwedischen Truppen in die unbezwingbare Festung Hohensalzburg in Sicherheit bringen ließ. Aber auch zahlreiche nicht privilegierte Flüchtlinge aus dem süddeutschen Raum erhofften sich Sicherheit in der stark befestigten Stadt, wo sie notdürftig Unterkunft fanden. Alles erwartete nun mit Angst und Sorge den Ansturm der schwedischen Truppen auf die Stadt – doch nichts von alledem geschah. Ein zeitgenössischer Chronist schrieb: „Als die Kundschafter der vorrückenden Schweden die starken, neuerbauten Wälle von Waffen starren sahen, kehrten die gefährlichen Feinde rasch wieder um und Salzburg war gerettet."

Die Festung Hohensalzburg

Paris Lodron beharrte auch weiterhin unverrückbar auf der strengen Neutralität des Erzstiftes zum Schutz seiner Bewohner. Wie wichtig ihm dies war, beweist seine standhafte Weigerung auch während dieser kritischen Phase des Krieges, kaiserlichen Truppen des Habsburgers im Erzstift Winterquartiere zu überlassen, da er durch solche Hilfeleistungen die Gefahr einer Parteinahme und dadurch die mögliche Verwicklung in das Kampfgeschehen befürchtete. Selbst den persönlichen Bemühungen des kaiserlichen Feldherrn Albrecht von Wallenstein gelang es nicht, ihn umzustimmen.

Mittlerweise wurde der Ruf vieler Reichsstände nach einer Beendigung dieses sinnlosen Mordens und Brennens immer lauter, sodass Kaiser Ferdinand II. sich schließlich zur Einberufung eines Reichstages entschließen musste. Dieser Reichstag tagte in Regensburg und zu ihm wurden unter anderen auch sieben Abgeordnete aus Salzburg vom Erzbischof entsandt, denen insofern eine besondere Bedeutung zukam, als sie auf derartigen Reichsversammlungen stets alternierend mit österreichischen Gesandten die Funktion eines Vorsitzenden des Reichsfürstenrates einnahmen. Paris Lodron hatte sie angehalten, sich den Protestanten gegenüber tolerant zu verhalten und nur Härte bei neuerlichen Forderungen des habsburgischen Kaisers nach finanziellen Kontributionen zu zeigen.

Bei den noch mehrere Jahre dauernden diplomatischen Vorbereitungen zu einem endgültigen Friedensabschluss war erkennbar, dass immer mehr Reichsstände fordernd ihre Stimme erhoben, in Zukunft bei Abstimmungen mit den Kronen von Schweden und Frankreich sowie mit den reichsinternen Gegnern als gleichberechtigte Partner betrachtet zu werden. Für ein solches damit gesichertes Stimmrecht setzte sich auch der Salzburger Erzbischof vehement ein, sodass letztendlich dem sich einer solchen Vereinbarung lange Zeit heftig zur Wehr setzenden Kaiser nichts anderes übrig blieb, als klein beizugeben. Auch zum abschließenden „Westfälischen Friedenskongress" wurden wieder die Gesandten Paris Lodrons aus Salzburg delegiert, mit dem Auftrag des Erzbischofs, wiederum so wie bisher eine konziliante Haltung zu vertreten und innerhalb ihrer katholischen Partner für verständnisvolle Kompromisse auf der Grundlage des 1555 geschlossenen Augsburger Religionsfriedens mit den Protestanten einzutreten. Heftig, wenn auch vergeblich, wehrte sich Paris Lodron bis zuletzt gegen die ungeheure finanzielle Belastung, die den Reichsständen und damit auch dem Erzstift bei den Ansprüchen der verschiedenen Armeen auf Entschädigung auferlegt wurden. Als den leidgeprüften Menschen im Oktober 1648 endlich der lang ersehnte Frieden verkündet werden konnte, ging das Reich als ein territoriales Konglomerat von mehr als dreihundert souveränen Kleinstaaten hervor. Die Reichsstände und damit auch das Erzstift Salzburg trugen demgegenüber insofern einen Sieg davon, als der Fürsterzbischof nun die landesfürstliche Libertät dem Kaiser gegenüber beanspruchen und die territoriale Souveränität für sich als gesichert betrachten durfte.

Was Paris Lodron während des Dreißigjährigen Krieges für Stadt und Land erreichte, erkennt man erst dann vollends, wenn man die fürchterlichen Auswirkungen der Kriegshandlungen in anderen Städten betrachtet. So hausten etwa in Augsburg, wo man vor dem Krieg neunzigtausend Einwohner zählte, nach Kriegsende nur noch sechstausend Menschen in den öde zurückgelassenen Gassen. Während der Würgeengel des Todes durch die deutschen Gaue raste, während Hunger und Schwert die Menschen zu Tausenden hinwegrafften, herrschte im Lande Salzburg während des gesamten Dreißigjährigen Krieges dank des diplomatischen Geschicks und der realistischen militärischen Beurteilungsgabe dieses weisen Erzbischofs tiefster Frieden, der eigentlich nur durch die kriegsbedingten steuerlichen Belastungen getrübt wurde.

Paris Lodron bewährte sich aber auch auf der innenpolitischen Bühne hervorragend, besonders als Bauherr. Während der eitle und selbstherrliche Erzbischof Wolf-Dietrich als machiavellistischer Renaissance-Fürst seiner Residenzstadt in seinem Drang zur Selbstdarstellung ohne Rücksicht auf seine Untertanen durch Vernichtung eines Teiles ihrer alten Bürgerstadt jenes südländische, barocke Flair verleihen wollte, dessentwegen sie heute von der Europäischen Union mit dem Prädikat „Weltkulturerbe“ ausgezeichnet wurde, beabsichtigte Paris Lodron mit Blick auf die Sorgen seiner Untertanen mit seinen notwendig gewesenen Festungswerken zugleich neue Räume für künftige Häuserbauten in die Stadt mit einzubeziehen und stecken gebliebene Projekte Wolf-Dietrichs umsichtig zu Ende zu führen. Eine wirkliche Großtat des Erzbischofs war die Gründung der Salzburger Universität inmitten der tobenden Stürme des Dreißigjährigen Krieges. Dass neben der theologischen, juridischen und philosophischen Fakultät ausgerechnet jene für Medizin sich nur wenige Jahre hindurch behaupten konnte, war durch das Diktat der Gegenreformation begründet. Es war dies eben eine Zeit, in der die Künste der Ärzte als frevelhafter Eingriff in die Rechte der Theologie verstanden wurden, die allein dazu befugt war, die Ursachen aller Krankheiten als Ausdruck göttlichen Zornes abzuwenden.

Die Salzburger Universität. Stich aus dem Jahre 1789.

Erzbischof Guidobald Graf Thun (1616–1668).

## HOCHBLÜTE DES ABSOLUTISMUS

Nach dem Ableben einer so bedeutenden Persönlichkeit wie Paris Lodron war die Aufgabe des neuen Erzbischofs Guidobald Graf Thun (1654–1668) an und für sich nicht leicht und sie wurde noch dadurch erschwert, dass er zur Bewältigung der immer noch ausständigen kriegsbedingten Schuldenlast und zur Überwindung der dadurch ausgelösten sozialpolitischen Spannungen in der Bevölkerung zu einer Unzahl neuer, ungeliebter Verordnungen schreiten musste. Zählt man dazu noch die während seiner Amtsjahre hereingebrochenen Naturkatastrophen unerhörten Ausmaßes in Gestalt von verheerenden Orkanstürmen und riesigen Überschwemmungen, die ungeheuren Schaden anrichteten, dann versteht man die Unzufriedenheit des Volkes mit seinem neuen Landesherrn, der allerdings auch noch ganz andere Ursachen zugrunde lagen. Unter diesen war es vor allem der gänzlich fehlende persönliche Kontakt Guidobalds mit seinen Untertanen, dem deshalb die Sorgen des einfachen Volkes völlig unbekannt blieben.

Schuld daran war wahrscheinlich weniger seine Abgehobenheit als vielmehr der Umstand, dass er während seiner an und für sich sehr kurzen Regierungszeit fast ausschließlich in diplomatischer Funktion im Ausland weilte. Der Westfälische Friede, der den europäischen Krieg, sieht man von den Kämpfen zwischen Frankreich und Spanien ab, beendete, war ja das Ergebnis eines allgemeinen europäischen Kongresses, des ersten dieser Art, dessen Verhandlungen sich zwischen den einzelnen Partnern abspielten, wobei sich einige diplomatisch geschickte Vermittler, wie etwa der päpstliche Nuntius, besonders hervortaten. Der Kaiser war jetzt nicht mehr als der Vorstand einer anarchischen Staatenfamilie, eines lockeren Staatenbundes praktisch souveräner Fürsten. Diesen ging es natürlich ausschließlich darum, möglichst viel aus Wiedergutmachung, Entschädigung oder Rückerstattung für sich zu gewinnen, wobei ihre Untertanen die eigentlichen Opfer dieser Friedensverhandlungen wurden. Der einzige Fortschritt, der die Bevölkerung betraf, war die Ausdehnung des Augsburger Religionsfriedens jetzt auch auf die Reformierten, indem es von nun an in Religionsangelegenheiten auf dem Reichstag keine Majorisierung mehr geben sollte. Damit waren die Konfessionen als juristisch gleichberechtigt anerkannt. Um dies auch für die Zukunft sicherzustellen, trat 1663 der so genannte „Immerwährende Reichstag" in Regensburg zusammen, der als Gesandtenkongress von der Art eines gesamtdeutschen Parlaments bis zum Ende des „Heiligen Römischen Reiches deutscher Nation" im Jahr 1806 fortbestand.

Diesem „Immerwährenden Kongress" in Regensburg gehörte auch der Salzburger Erzbischof Guidobald an, der dort als erster kaiserlicher Prinzipalkommissar sogar eine besonders hohe, außenpolitisch wichtige Funktion auszuüben hatte. Für das Erzbistum brachte dies allerdings nur Nachteile. Da Guidobald im Zeitraum zwischen 1662 und 1668 nur sporadisch in seiner Residenzstadt anzutreffen war, blieb ihm so gut wie keine Zeit, sich auch noch um das Wohl seiner Untertanen zu kümmern. Die ehrenvolle Funktion des Erzbischofs in Regensburg war darüber hinaus für seine unbeteiligten Untertanen sehr teuer, weil sie alle damit verbundenen Kosten zu tragen hatten. Am stärksten wirkten sich dabei Einbußen in wirtschaftlicher Hinsicht aus. Da nämlich infolge der notwendig gewordenen Übersiedlung vieler Adeliger und Beamter nach Regensburg der Hofstaat in Salzburg erheblich verkleinert zurückblieb, war zu dessen sonst recht üppiger Versorgung jetzt nur noch ein Bruchteil der bisherigen Zulieferungen erforderlich.

Im Übrigen erwies sich dieser „Immerwährende Reichstag" sehr bald als völlig nutzlos und unfähig, auch nur die wichtigsten anstehenden Probleme zu lösen, weshalb er schon bald an Bedeutung einbüßte. Dabei hätte man gerade in diesen Jahren so dringend einer staatspolitisch kompetenten Macht bedurft. Während man sich in Regensburg nämlich um geradezu lächerliche Rangordnungen und zeremonielle Vorrechte stritt, um die übrigens auch der als überaus eitel geltende Erzbischof Guidobald recht eifrig kämpfte, zogen im Osten wie im Westen bedrohliche Gewitterwolken auf. Waren es einerseits wieder einmal die Türken, die 1663 neuerlich zum Angriff auf das Habsburgerreich bliesen, so startete andererseits im Westen König Ludwig XIV. von Frankreich mit seinen nur zu gut bekannten unseriösen Erbansprüchen den so genannten „Devolutionskrieg" gegen die spanischen Niederlande, die sich lange als die erste protestantische Macht auf dem Kontinent behaupteten und deren Wesen und Zukunft darauf beruhten, der Übermacht fremden historischen Anspruches getrotzt zu haben.

Es ist unbestreitbar das Verdienst Erzbischof Guidobalds, diese drohenden Gefahren rechtzeitig erkannt zu haben, und er drängte deshalb auch die Vertreter der Reichsstände dazu, ihre Verteidigungsbereitschaft zu erhöhen. Um mit gutem Beispiel voranzugehen, warb er unverzüglich Soldaten zur Besetzung der Grenzen des Erzstiftes an. Er erwies sich aber auch Kaiser Leopold I. (1640–1705) gegenüber hilfsbereit, indem er ihm wichtiges Kriegsmaterial zukommen ließ und ein starkes Kontingent von Fußvolk aus Salzburg zum ungarischen Kriegsschauplatz in Marsch setzte, wo es unter der Führung des Grafen Montecuccoli mitwirkte, den Ansturm der Osmanen abzuwehren, welche die Zerrüttung Europas durch die Religionskriege zum willkommenen Anlass zu neuen Vorstößen nach Westen nahmen. Die aus diesem großzügigen Angebot des Erzbischofs resultierenden Kosten übernahm er natürlich nicht selbst. Vielmehr übertrug er sie gewohntermaßen wieder einmal seinen Untertanen, allen voran den Bauern im Erzstift, die durch Entrichtung einer um ein volles Drittel vom Landesherrn erhöhten Steuer dafür gerade stehen mussten. Die rücksichtslose Ausbeutung seiner Bauern und Bürger betraf übrigens auch die Deckung der Auslagen für die Finanzierung seines hohen Amtes in Regensburg, die sich auf einhundertachtzigtausend Gulden beliefen. Sie mussten von der Salzburger Landschaft deshalb übernommen werden, weil sich der habsburgische Kaiser Leopold I. weigerte, den von ihm eingesetzten Prinzipalkommissar in Regensburg aus eigener Tasche zu entlohnen. Alles in allem fasst Reinhard Heinisch die politische Bedeutung Guidobalds, dem 1667 die Kardinalswürde zuerkannt wurde, mit den Worten zusammen: „Er

Der bereits um 1480 errichtete Hexenturm in Salzburg. Nach Abklingen der Hexen-Hysterie wurde er 200 Jahre später als Keuche, also als Gefängnis eingerichtet.

war human und durchaus nicht pfäffisch; er hasste die Evangelischen nicht und machte dem bayerischen Kurfürsten Ferdinand geradezu einen Vorwurf aus seiner jesuitischen Denkart. Seine Politik war durchaus richtig und überlegt. Er setzte sich warm für die Interessen des Reiches ein, nicht als gehorsamer Knecht Österreichs, sondern aus eigenem Antrieb."

Demgegenüber führte der absolutistische Regierungsstil seines Nachfolgers, Erzbischof Max Gandolf von Kuenburg (1668–1687),

Erzbischof Max Gandolf Graf von Kuenburg
in seiner bevorzugten Jagdkleidung (1622–1687).

sehr bald zu innenpolitischen Spannungen in seinem Territorium. Auslöser dafür war vor allem sein überaus brutales Vorgehen gegen seine protestantischen Untertanen. Er beschränkte sich nämlich nicht nur auf seine 1684 befohlene Ausweisung aller „Halsstarrigen", also der nicht zur Bekehrung zur allein selig machenden römisch katholischen Kirche gewillten Männer und Frauen in seinem Lande, sondern er ließ überdies noch deren Kinder im Alter unter fünfzehn Jahren von ihren Eltern losreißen, um sie dann im katholischen Sinne erziehen zu lassen. Wie man dem zeitgenössischen Bericht des Benediktinermönchs Gärtner entnehmen kann, waren die Kinder allerdings „weder durch Hunger noch durch Schläge zu bewegen, sich den katholischen Kirchengebräuchen zu fügen – vortreffliche Bekehrungsmaßnahmen für den Eltern entrissene Kinder! Neun Jahre später schlichen sich Väter auf heimlichen Wegen zurück in ihr Heimattal, um ihre Kinder zu holen. Man ertappte sie aber und verkaufte sie nach Venedig zur Galeere. Als Galeerensträfling lebenslang an die Ruderbank geschmiedet, endeten so die Unglücklichen, welche die Stimme des Blutes in die Heimat zu ihren unglücklichen Kindern getrieben hatte."

Damit handelte Max Gandolf gröblichst im Widerspruch zur konfessionellen Regelung im Westfälischen Frieden, in welchem religiösen Minderheiten die Freiheit ihrer Religionsausübung zugesichert wurde. Sein fanatischer Glaubenseifer, der ihm vom Papst in Rom mit der Verleihung der Kardinalswürde gedankt wurde, wurde allerdings dann außer Kraft gesetzt, wenn er seine materiellen Gewinne in Gefahr bringen könnte. Aus reiner Gewinnsucht verzichtete Max Gandolf deshalb darauf, seine rigorosen Bekehrungsmethoden auch auf die Bergknappen vom Halleiner Salzberg auszudehnen. Deren Zugehörigkeit zum Luthertum wurde so wie bisher weiterhin aus wirtschaftlichen Erwägungen heraus geduldet, da der Erzbischof auf die ungebrochenen Salzgewinne, die zu einer seiner Haupteinnahmequellen zählte, nicht verzichten wollte.

Mit wahrem Eifer betrieb der romhörige Kardinal die Bekämpfung des Hexenwesens in Salzburg, die seit der 1484 von Papst Innozenz VIII. (1484–1492) verkündeten Bulle „Summis desiderantes affectibus" von allen geistlichen und weltlichen Behörden unter Androhung der Exkommunikation bei Nichtbeachtung dieses Auftrages mitleidlos durchgeführt werden musste. Mit dieser Bulle bestätigte der Papst die Echtheit der Hexerei, von der er so überzeugt war, dass nach seinem Spruch jeder, „der diese leugnet, sich selbst als Ketzer entlarvt und den Tod auf dem Scheiterhaufen verdient hat". Demnach musste drei Jahrhunderte lang der vom Papst in Auftrag gegebene „Hexenhammer", ein vollständiges Handbuch zum Aufspüren einer Hexe und zu den dazu notwendigen Folterpraktiken, auf den Tischen jedes Richters oder Herrn vom Magistrat aufliegen. In jener Zeit galt eben die „Umkehr der Beweislast" bei einem Beschuldigten, wie sie später im „Code Napoléon" gefordert wurde, noch als Fremdwort! Es ist rühmlich, dass sich die geistlichen Landesherren in Salzburg durch auffallende Milde ausgezeichnet haben, weshalb sie von den Päpsten jener Zeit gelegentlich scharf gerügt wurden. Für Max Gandolf hingegen war eine derart laue Haltung verwerflich, weshalb in seiner Regierungsperiode eine wahnwitzige Hexenjagd aufflammte, deren berühmt-berüchtigtes Beispiel der „Zauberer Jakl-Prozess" war. Der Hexeneifer dieses Kirchenfürsten nahm schließlich geradezu groteske Formen an: Allein im Jahr 1678 fielen ihm nicht weniger als 139 Unglückliche zum Opfer, wobei sich nach Recherchen von Heinisch unter den Hingerichteten zwei Drittel minderjährige Buben und Mädchen befanden, deren jüngstes Opfer zehn Jahre alt war! Für diese grausamen Entscheidungen muss leider in großem Umfang auch der Leibarzt des Erzbischofs, der Grazer Adam Lebenwaldt, verantwortlich gemacht werden.

Zeitgenössische Darstellung einer Hexenverbrennung

Die Regierungszeit des Nachfolgers, Erzbischof Johann Ernst Graf Thun, (1687–1709), fiel in eine äußerst turbulente Zeit, die ihn von Beginn an außenpolitisch extrem beanspruchte. Nachdem die Expansion des osmanischen Reiches durch die Niederlage seines Heeres am 12. September 1683 vor den Toren Wiens gestoppt hatte werden können und kurze Zeit später die Eroberung von Belgrad durch den legendären Prinzen Eugen von Savoyen den Habsburgern den Weg in

Erzbischof Johann Ernst Graf Thun (1687–1709).

die südslawischen Gebiete geebnet hatte, glaubte man, mit dem zwischen Prinz Eugen und den Türken geschlossenen Frieden von Karlowitz den gesamten Donauraum endlich unter Kontrolle gebracht zu haben. Doch kaum hatte man sich dieses lang ersehnten Friedens erfreut, als auch schon ein neuer Konflikt beinahe zu einem Weltkrieg zu eskalieren drohte. Das Streitobjekt, um das es diesmal ging, war das spanische Erbe, auf welches nach dem Tod des spanischen Königs Karl II. (1661–1700), des letzten infolge Inzucht weitgehend regierungsunfähigen Habsburgers in Spanien, sowohl die Habsburger wie auch das Haus Bourbon Anspruch erhoben. Der Wunsch des Verstorbenen, den Enkel Ludwigs XIV. zu seinem Nachfolger zu bestimmen, wurde nämlich erwartungsgemäß von der „Großen Haager Allianz", bestehend aus England, den Niederlanden und Österreich, nicht akzeptiert, da mit der Einsetzung von Ludwigs Enkel, der zugleich Anwärter auf den französischen Thron war, eine unzumutbare

König Karl II. von Spanien

Machtkonzentration in Europa entstanden wäre. Die unüberbrückbare Differenz zwischen der Allianz Prinz Eugens mit dem Herzog von Marlborough auf der einen Seite und den von den Wittelsbachern unterstützten Franzosen auf der anderen Seite führte schließlich 1703 zum Spanischen Erbfolgekrieg.
In dieses komplizierte Netzwerk wurde indirekt auch das Erzstift Salzburg involviert. Man fürchtete hier nämlich, dass der Traum des Kurfürsten Maximilians, mit französischer Hilfe ein bayerisches Großreich schaffen zu können, in Erfüllung gehen könnte. Aus Angst vor eventuellen Übergriffen des übermächtigen Nachbarn Bayern verstärkte deshalb Erzbischof Johann Ernst eiligst die militärischen Verteidigungsanlagen der Stadt und der Festung Hohensalzburg, indem er ein Aufgebot der Landfahne und zusätzlich angeworbene Söldnertruppen in den Befestigungswerken Aufstellung nehmen ließ und Vorsorge für eine ausreichende Lebensmittelversorgung der Bevölkerung traf. Gleichzeitig stellte der Erzbischof dem Kaiser ein salzburgisches Infanterieregiment zur Verfügung, das gemeinsam mit der Reichsarmee in heftige Kämpfe mit den Franzosen am Oberrhein verwickelt war.

Diese militärischen Hilfeleistungen im Zweifrontenkrieg der Habsburger, sowie die hohen, vom Kaiser geforderten Reichskontributionen bedeuteten natürlich für die Untertanen des Erzbischofs fast ähnlich große Belastungen wie unter Paris Lodron im Dreißigjährigen Krieg. Der absolutistisch regierende Landesfürst zögerte keinen Augenblick, zur Deckung der finanziellen Beiträge während dieser Kriege wieder einmal die Bevölkerung heranzuziehen, deren Steuern er auf das Doppelte erhöhte. Auch diesmal wurde die privilegierte Klasse der Adeligen und des Priesterstandes nicht geschont. Auch sie mussten ihren Teil durch saftige Abgaben an Steuern für ihr bewegliches und unbewegliches Vermögen beitragen. Nur der ehrwürdige Erzbischof selbst schloss sich von eventuellen Eingriffen in seine Privatschatulle aus.

Dieser Charakterzug, der ganz seinem präpotenten, despotischen und absolutistischen Regierungsstil entsprach, lässt sich auch in seinem innenpolitischen Handeln wiederentdecken. Er war dafür in seinem Territorium bekannt, jede geringste Verletzung seiner Vorschriften mit eiserner Härte zu ahnden, ganz besonders streng dann, wenn es sich um einen Fall von Steuerhinterziehung oder um Unkorrektheiten bei Vermögensabgaben handelte. Aber auch bei geringeren Delikten, etwa unerlaubten Jagens, schritt er zu drakonischen Strafmaßnahmen, welche die unmenschlichen Jagdgesetze seines Vorgängers Max Gandolf noch übertrafen. Obwohl Johann Ernst auf seiner jugendlichen Kavalierstour durch Italien bis nach Afrika das unvorstellbare Los eines Galeerensklaven mit eigenen Augen kennen lernte, zögerte er in seinem absolutistischen Machtgefühl keinen Augenblick, einen ertappten Wilddieb, der für seine hungernde Familie ein Wild erlegte, als Sträfling in Venedig lebenslang an das Galeerenruder schmieden zu lassen, übrigens ganz nach dem Vorbild mancher Mitglieder des Hauses Habsburg, die in jener Zeit ebenfalls Sträflinge um ein Kopfgeld von fünfzig Gulden den neapolitanischen Galeeren überließen.

Wenn auch wegen seines absolutistischen Regierungsstils Erzbischof Johann Ernst seinen Landsleuten nicht gerade als angenehmster Landesherr im Gedächtnis blieb, so vollbrachte er doch auch sozialpolitische Pionierleistungen, nicht zuletzt mit der Stiftung des Landeskrankenhauses in Salzburg. Für die Nachwelt war er aber auch ein rühriger Bauherr großen Stils, der letzte bedeutende Barockfürst, dem seine Residenzstadt mit Recht das Gepräge eines „deutschen Rom“ verdankt. In seinen letzten Lebensjahren war Johann Ernst fast erblindet, weshalb die Staatsgeschäfte von seinem Nachfolger Franz Anton Fürst von Harrach (1709–1727) geführt werden mussten, der sich lobenswerterweise den Protestanten im Gebirge gegenüber sehr tolerant verhielt. Nach seinem Tod ging es mit dem Erzstift langsam, aber unaufhörlich bergab. Von den mächtigen Staatengebilden Bayern und Österreich umklammert, gerieten die kommenden Erzbischöfe Salzburgs immer mehr in den Einflussbereich des habsburgischen Reiches, dessen regierende Häupter bereits gierig auf ihr Erzbistum blickten und ihnen ein selbständiges, unabhängiges Regieren immer unmöglicher machten.

## ERZWUNGENE EMIGRATION DER PROTESTANTEN

Mit der Wahl von Leopold Anton von Firmian (1727–1744) zum Erzbischof wurde „das schwärzeste Kapitel der Salzburger Geschichte in der frühen Neuzeit" eingeläutet. In seinem gegenre-

Erzbischof Leopold Anton Freiherr von Firmian (1671–1744).

formatorischen Eifer, die lutherischen Untertanen, insbesondere die Kryptoprotestanten, die ihren neuen Glauben vor der Öffentlichkeit geheim zu halten versuchten, zu rekatholisieren, unterschied er sich zunächst nicht wesentlich von den Erzbischöfen Max Gandolf und Johann Ernst. Und doch blieb für immer ein Makel an ihm, der ihn scharf von seinen Vorgängern trennt.

Das Andenken an Erzbischof Leopold Anton wird nämlich weit über die Grenzen des Erzstiftes hinaus für immer verdunkelt bleiben durch seine mit unvorstellbarer Härte vorgenommene Ausweisung der Protestanten aus seinem Fürstentum, die im Ausland zu einem Skandal europäischen Formates ausartete. Angesichts der übereifrigen, sogar „körperbetonten" Überzeugungsarbeit der Jesuiten, die er zur Zwangsmissionierung aus Bayern ins Erzstift holte, wurden seine protestantischen Untertanen durch die von den frommen Kirchenmännern praktizierten strengen Verhöre und ihre willkürlichen Hausdurchsuchungen nicht rekatholisiert, sondern eher provoziert. Zunächst versuchten viele, vor der verhörenden Religionskommission, in welcher auch Vertreter der weltlichen Behörde anwesend sein mussten, durch Verleugnung ihres wahren Glaubens ungeschoren davonzukommen. Die zunehmend verschärft zur Anwendung gelangten gegenreformatorischen Maßnahmen, wie etwa wochenlange Kerkerhaft unter unmenschlichen hygienischen Bedingungen, ließen nicht nur Angst und Hass in der leidgeprüften protestantischen Bevölkerung aufkommen, sondern sie führten schließlich dazu, dass sie sich um Hilfe wegen des gesetzwidrigen Vorgehens des Erzbischofs an die Kurie der evangelischen Stände am „Immerwährenden Reichstag" zu Regensburg wandte. In einer von knapp zwanzigtausend Untertanen des Erzstiftes unterschriebenen Bittschrift wiesen sie im Juni 1731 unter anderem darauf hin, dass „Männer und Frauen außer Landes gebracht worden waren, ohne dass sie zuvor ihre Gatten und Kinder noch einmal gesehen hätten". Wegen dieses menschenrechtswidrigen Vorgehens hatte schon einige Monate zuvor die Kurie des „Corpus Evangelicorum" in Regensburg Protest beim Landesfürsten in Salzburg eingebracht, den dieser mit einer vorläufigen Einstellung der Tätigkeiten der Religionskommission zu bereinigen gedachte. Davon in Kenntnis gesetzt, wiegte sich die protestantische Abordnung im guten Glauben, dass ihre Sache nun vom „Corpus Evangelicorum" in Regensburg auch weiterhin kräftig unterstützt würde, weshalb man beschloss, ab sofort seinen protestantischen Glauben – dem zu diesem Zeitpunkt bereits ein Fünftel

Die protestantische Emigrantin Maria Steinbacher aus Werfen, die mit ihren Kindern das Land verlassen musste.

der Bevölkerung des Landes Salzburg angehörte – nicht mehr zu verheimlichen, sondern offen zu bekennen. Man rechnete jedoch nicht mit der Willkür Leopold Antons: Als nämlich eine kleine Abordnung der Bauern ihren Weg nach Regensburg antrat, wurde sie an der Grenze zu Oberösterreich abgefangen und wegen illegalen Grenzübertrittes auf die Festung Hohensalzburg gebracht. Mit der Beschuldigung, eine Grenzverletzung begangen und gleichzeitig als Abordnung das Versammlungsverbot missachtet zu haben, war für Leopold Anton der Tatbestand einer gefährlichen Rebellion gegeben. Noch in der darauf folgenden Nacht ließ er deshalb dreiunddreißig „Rädelsführer" festnehmen und auf Schloss Goldegg einkerkern. Um auf Nummer sicher zu gehen, ersuchte er den Habsburger-Kaiser in Wien um militärische Hilfe, die auch prompt mit der Entsendung von tausend Mann Infanterie und drei Schwadronen der Dragoner gewährt wurde. Nachdem der Erzbischof auch noch die versammelte Landfahne entwaffnen hatte lassen, konnten alle wichtigen Punkte im Erzstift mit ausländischen Truppen besetzt werden, sodass nun der schon seit Monaten von langer Hand vorbereiteten gewaltsamen Lösung der leidigen Protestantenfrage im Erzbistum nichts mehr im Wege stand.

Noch mit Beginn des Winters 1731 setzte Leopold Anton sein „Emigrationspatent" in Kraft. Mit einem gehörigen Maß an Zynismus gab er darin den der Empörung und Rebellion angeklagten protestantischen Untertanen in seinem Lande zu verstehen, dass er aus „landesfürstlicher Huld" anstelle der bei Rebellion zu erwartenden schweren Strafen ihrem Wunsch nach Auswanderung entsprechen wolle und bereit sei, sie zu so genannten Religionsemigranten zu begnadigen. Die im Westfälischen Frieden ausgehandelten Begünstigungen für solche Religionsemigranten könnten jedoch wegen ihrer aufrührerischen Vorgangsweise nicht zur Anwendung kommen.

Photo: Karl Bauer

Die Burg Goldegg. Erbaut 1323. In den Jahren 1640 bis 1854 befand sich dort der hochfürstliche Pfleger. Sie war gleichzeitig der Amtssitz des Landgerichtes St. Veit.

Eine Gruppe von Salzburger Emigranten, die 1732 aus dem Land gewiesen wurden.

Um eine Massenauswanderung nach Veröffentlichung dieses Emigrationspatentes zu umgehen, traf der Landesfürst folgende, dem Verfassungsrecht im Reich zuwiderhandelnde Regelung: Zunächst sollen alle „unangesessenen" Protestanten – Mägde, Knechte und Hilfsarbeiter – im Alter von mehr als zwölf Jahren das Erzstift ohne jedwede Lohnansprüche unverzüglich, das heißt innerhalb von acht Tagen, verlassen. Mit diesem Befehl missachtete der katholische Landesfürst in seinem Gefühl absolutistischer Macht das im Westfälischen Frieden beschlossene Triennium, also die Gewährung einer dreijährigen Vorbereitungszeit zur Auswanderung. Gerhard Ammerer illustriert die unnachgiebige und hartherzige Haltung des Erzbischofs mit einem auszugsweise wiedergegebenen Schreiben der Salzburger Hofkanzlei: „Die Emigrationspatente müssen vollzogen werden, es gehe, wie es wolle, leide daran, wer leiden kann; keine Gnade, keine Mildt, ein anderes ist nicht zu hoffen, es koste Leben, Blut, Geld und was immer sein wolle. Und wird man alsobald mit den Ungehorsamen, anderen zum Abscheu, ein Exempel machen, auch wider die Widerspenstigen Gewalt brauchen. Daher sind auf alle Weise und alle Widerred die Patentes rigorissime und mit höchstem Fleiß zu vollziehen."

Dieser kurze Text veranschaulicht klar, dass es sich nicht um eine friedliche, den Gesetzen des Reiches entsprechende Auswanderung andersgläubiger Minderheiten, sondern um eine gezielte gewaltsame Austreibung der protestantischen unangesessenen Bevölkerung des Erzstiftes handelte. Trotz des bereits hereingebrochenen harten Winters wurde sie, angetrieben von erzbischöflichen und kaiserlichen Soldaten, an die Grenze zu Bayern getrieben, häufig ohne sich noch zuvor mit ihren wenigen Habseligkeiten und armseligen Kleidungsstücken notdürftig versehen zu können. Da sich die landesfürstliche Regierung in Salzburg keine Gedanken darüber gemacht hatte, von wem eigentlich die auf diese unmenschliche Weise Vertriebenen aufgenommen werden sollten, waren die meisten der eintausend davon betroffenen Personen gezwungen, wochenlang hungernd und frierend in nahe der Grenze gelegenen Viehställen auszuharren, bis der bayerische Kurfürst endlich für sie die Grenze öffnen ließ. Aber auch dann war das Martyrium für die insgesamt fünftausend so aus dem Erzstift Abgeschobenen noch nicht zu Ende, da nun erst die mühselige Suche nach einem Unterschlupf in verschiedenen evangelischen Dörfern und Städten im Reich begann.

Erträglicher war die Situation für die Angesessenen im Erzstift, also die Bürger und die wohlhabenderen Bauern. Ihnen wurde huldvoll je nach der Höhe der zu entrichtenden Nachsteuer ihres Vermögens eine Frist bis zu drei Monaten gewährt, nach der sie das Land zu verlassen hatten. Verlief auf diese Weise deren Auswanderung von Beginn an in geordneteren Bahnen, so blieb ihnen auch die quälende Ungewissheit erspart, wohin sie sich außer Landes wenden sollten. Friedrich Wilhelm I., König von Preußen und führender Repräsentant im Regensburger „Corpus Evangelicorum“, erklärte sich nämlich bereit, den Salzburger Emigranten eine neue Wohn- und Wirkungsstätte in Ostpreußen anzubieten. Ja, sie erhielten sogar noch ein Reisegeld, sodass sie voller Hoffnung den weiten Weg nach Ostpreußen und Litauen antreten konnten. Die Sympathiebeweise, die man den mehr als zwanzigtausend Emigranten während ihres Zuges durch das Reich entgegenbrachte, müssen unbeschreiblich gewesen sein, da man in der Presse von einem wahren „Triumphzug“ der Salzburger lesen konnte. Diese anfängliche Euphorie musste allerdings schon bald einer raueren Wirklichkeit weichen, da nur für einen kleinen Teil

Ausziehen des Salzes und Einfüllen in die Perkufen
im Inneren eines Halleiner Pfannhauses.

der Emigranten freies Bauernland zur Verfügung stand. Rechnet man noch die Schwierigkeiten in der Verständigung mit der einheimischen, großteils litauischen Bevölkerung hinzu, dann begreift man, dass sich zunehmend eine Niedergeschlagenheit breit machte und mancher Bauer mit Sehnsucht an seine heimatliche Scholle zurückdachte. Eine Ausnahmestellung nahmen innerhalb des Emigrationspatentes die Knappen des Salzbergabbaus am Dürrnberg ein, die schon von den Vorgängern Leopold Antons wegen der enormen Bedeutung der Salzproduktion für die Schatulle der Erzbischöfe weniger hart angefasst wurden. Auch diesmal erhielt die Religionskommission die Anweisung, bei der Knappschaft am Salzberg bei Hallein vom verordneten Emigrationspatent keinen Gebrauch zu machen. Dabei scheuten sich die Knappen seit der Auswanderungswelle des Jahres 1732 nicht mehr, ihren lutherischen Glauben zu verheimlichen. Ja, die Missionare des Erzbischofs legten nicht einmal Einspruch ein gegen die öffentlichen Versammlungen der lutherischen Gläubigen in einem nahe gelegenen Wald. Hatte Leopold Anton gehofft, mit der stillschweigenden Duldung des Luthertums die für die Salzgewinnung so wichtigen Bergknappen zum Bleiben bewegen

Feierliche Verabschiedung des ersten,
im Frühjahr wieder vom Stapel gelaufenen Salzschiffes.

zu können, so war er im Irrtum. Sie schickten in aller Stille einen Abgesandten nach Nürnberg, um die Lage im Reich zu sondieren, und als dieser mit positiven Nachrichten aus Sachsen und aus den Niederlanden im Hinblick auf die eventuelle Aufnahme der Knappen vom Dürrnberg als Kolonisten zurückgekehrt war, überreichten sie in zuversichtlicher Stimmung dem Direktorium der erzbischöflichen Kanzlei ein Gesuch, auswandern zu dürfen. Die Regierung unternahm zwar den Versuch, durch eine den Augustinern übertragene Mission die Knappen doch noch zum alleinseligmachenden katholischen Glauben bekehren zu können – doch vergebens. Es war wohl die negative Reaktion des Auslandes auf die rigorose, den Reichsgesetzen Hohn lachende Emigrationspolitik des Erzbischofs in seinem Lande, der es zuzuschreiben gewesen sein dürfte, dass er überraschenderweise mit den Bergknappen einen Emigrationstermin für Ende November 1732 zu vereinbaren bereit war. So traten 780 Bergleute ihre Reise nach Holland an, wo sie ähnlich enttäuschende Erfahrungen mit den Einheimischen machen mussten wie die Auswanderer in Ostpreußen, weshalb mehr als zweihundert Personen bald wieder den Rückzug antraten und in Frankfurt ihr Glück versuchten.

Nach dem Abschluss dieser großen Emigrationswellen musste der Erzbischof die bittere Erfahrung machen, dass in der Bevölkerung seines Landes noch immer viele Lutheraner vorhanden waren, die man als „Kryptoprotestanten“ bezeichnete, weil sie ihren wahren Glauben vor der Öffentlichkeit verheimlichten. Diese „Heuchler“ hielt Leopold Anton für besonders gefährliche Glaubensabtrünnige, gegen die er mit verstärkten gegenreformatorischen Maßnahmen vorzugehen beschloss. Zur rücksichtslosen Disziplinierung dieser Glaubensabweichler setzte er neben den im Volk besonders gehassten Jesuiten nun auch die Franziskaner, Augustiner, Benediktiner und Kapuziner ein. Ihre Gewalt war schrankenlos und heimtückisch zugleich und hatte zum Ziel, durch Anzeigepflicht Verdächtiger die Mitbürger durch in Aussicht gestellte finanzielle Belohnung zur Mitarbeit zu gewinnen.

Auf diese Weise kam es zum Aufblühen eines widerlichen Denunziantentums in der Bevölkerung, sodass schließlich „der Dienstgeber nicht mehr vor seinem Knecht und die Eltern nicht mehr vor ihren Kindern sicher sein konnten“. Wie bei Ammerer nachzulesen ist, wurde jemand wegen Lesens einer lutherischen Schrift angezeigt, so musste er zehn Prozent seines Gesamtvermögens abliefern, und wurde er überführt, im Besitz eines solchen verwerflichen Buches zu sein, so wurde ein Strafgeld bis zu 40 Prozent des persönlichen Besitzes eingehoben oder gar die Verbannung aus der Heimat ausgesprochen. Besonders schlimm wurde die Befugnis der Missionare empfunden, sich in die intimsten Familienangelegenheiten einmischen zu dürfen und dirigistisch etwa die Auswahl der dem frommen Pater als am besten geeignet erscheinenden Brautleute treffen zu können. Eine katastrophale Folge dieses frömmelnden Glaubenseifers war durch die rigorose Zensur so genannter „ketzerischer“ Bücher eine systematische, gelenkte Verdummung des Volkes, da ihm auf diese Weise eine Weiterbildung und eine Aufklärung durch das Studium geeigneter Literatur verwehrt wurde. Stattdessen sorgten die Ordensgeistlichen für die Verbreitung einer barocken, naiven Volksfrömmigkeit mit verstärkter Heiligen- und Marienverehrung und zu einer Vertiefung und Ausweitung finstersten Aberglaubens. Es klingt deshalb geradezu paradox, wenn man erfährt, dass Leopold Anton sich ab dem Jahr 1737 plötzlich keineswegs mehr als fanatischer Gegner der Aufklärung präsentierte, sondern sich eher dem Reformkatholizismus nach dem Vorbild des Lodovico Muratori zuwandte, also jener katholischen europäischen Frühaufklärung, die entschieden gegen Heuchelei und gegen den Aberglauben auftrat und sich wieder für eine Frömmigkeit im Geiste urchristlicher Einfachheit einsetzte. Diese Veränderung in der geistigen Haltung des Erzbischofs mag damit zusammenhängen, dass er sich auf diese Weise zu rehabilitieren versuchte, das Erzstift durch seine Protestantenvertreibung „als einen Akt barbarischer und unzeitgemäßer Gegenreformation vor dem protestantischen Europa an den Pranger gestellt zu haben".

Am Ende seiner Regierungszeit geriet Erzbischof Leopold Anton auf Grund der strategisch so exponierten topographischen Situation des Erzstiftes zwischen Bayern und Österreich noch in den langwierigen „österreichischen Erbfolgekrieg" hinein, der durch den Tod Kaiser Karls VI. (1685–1740) ausgelöst wurde. Dessen Außenpolitik war seit 1713 im Wesentlichen von dem Bemühen geprägt, seine damals erlassene „Pragmatische Sanktion" von den europäischen Mächten anerkennen zu lassen.

Dieser Erlass sollte infolge Fehlens eines männlichen Nachfolgers die Thronfolge seiner dreiundzwanzigjährigen Tochter Maria Theresia (1717–1780) sichern. Mit dieser „immerwährenden Satzung" wurde allerdings nicht nur die weibliche Nachfolge im Hause Habsburg geregelt, sondern sie legte gleichzeitig auch die staatliche Einheit aller österreichischen Länder zum unteilbaren Ganzen fest. Mit dieser Neuregelung für die Regierung der habsburgischen Erblande waren jedoch die Kurfürsten von Bayern und von Sachsen nicht einverstanden, und da sich ihrem Protest auch noch der König von Spanien sowie Preußens König Friedrich II. anschlossen, war des Kaisers Politik der diplomatischen Absicherung seiner Nachfolge damit gescheitert. Prinz Eugen war wieder einmal im Recht, wenn er vorausschauend meinte, dass diese Pragmatische Sanktion nicht viel mehr wert war als das Papier, auf dem sie geschrieben wurde.

Mit dem militärischen Einmarsch preußischer Truppen in Schlesien ohne vorausgegangene Kriegserklärung gab der junge Preußenkönig für seine Verbündeten den Auftakt für ein offenes Vorgehen gegen Österreich. Damit weitete sich der Erste Schlesische Krieg zum österreichischen Erbfolgekrieg aus. Nach mehreren Nieder-

Erzbischof Siegmund Christoph Graf von Schrattenbach (1698–1771).

lagen musste sich Maria Theresia zum Verzicht auf beinahe ganz Schlesien, das seit mehr als zweihundert Jahre österreichisch war, bereit erklären, um die dringend benötigte Entlastung an der Nordfront Österreichs zu erreichen. Denn angesichts der massiven Verlagerung des größeren Teils der österreichischen Armee an die böhmische Grenze nützte der Kurfürst von Bayern diese Schwachstelle aus, um mit seinen Truppen ganz Oberösterreich in seinen Besitz zu bringen.

In dieser außenpolitisch für das Erzstift Salzburg kritischen Phase des Krieges versuchte Erzbischof Leopold Anton der traditionellen Neutralität seines Landes treu zu bleiben. Leider konnte er aber damit Übergriffe von Seiten der kriegführenden Nachbarn nicht verhindern. Eine besonders heikle Lage ergab sich im Zuge des österreichischen Vormarsches in das von Bayern besetzte Salzkammergut, in dessen Verlauf man vom Salzburger Landesfürsten verlangte, den von den Österreichern eingekesselten bayerischen Streitkräften keine Rückzugsmöglichkeiten über das Territorium des Erzstiftes zu gestatten. Da der Erzbischof trotz seiner wiederholt betonten Neutralität doch dieser Forderung entsprochen hatte und auf diese Weise der Großteil der eingeschlossenen bayerischen Truppen in Gefangenschaft geriet, wurde das Verhältnis des Erzstiftes zu seinem mächtigen Nachbarn empfindlich verschlechtert. Diese außenpolitische Verstimmung erhielt zusätzlich noch Nahrung durch die kurze Zeit später erfolgte eklatante Verletzung der Salzburger Neutralität, indem ohne Rücksprache mit dem Erzbischof ein größeres Truppenkontingent der Österreicher trotz zweier scharfer Protestnoten aus der erzbischöflichen Hofkanzlei das Staatsgebiet des geistlichen Fürstentums durchquerte und auch weitere Durchmärsche der Österreicher nicht verhindert werden konnten. Es war daher nur noch eine Frage der Zeit, wann auch von bayerischer Seite die Neutralität des Erzstiftes nicht mehr als gegeben betrachtet wurde. Dieser Zeitpunkt ergab sich, als 1744 im so genannten Zweiten Schlesischen Krieg der Preußenkönig erneut in das Geschehen eingriff, um durch seinen Einmarsch in Böhmen starke österreichische Kräfte zu binden und Maria Theresia friedensbereit zu machen. In Abstimmung mit Friedrich dem Großen machte sich nun auch der Wittelsbacher Kurfürst Albrecht, der 1742 als Karl VII. (1742–1745) zum römisch deutschen Kaiser gewählt wurde, daran, mit seinen bayerischen Truppen an die böhmische Grenze vorzurücken, wobei er zwangsläufig von Norden und Osten her auch in das – seiner Ansicht nach nicht mehr als neutral zu betrachtende – Territorium Salzburgs eindrang.

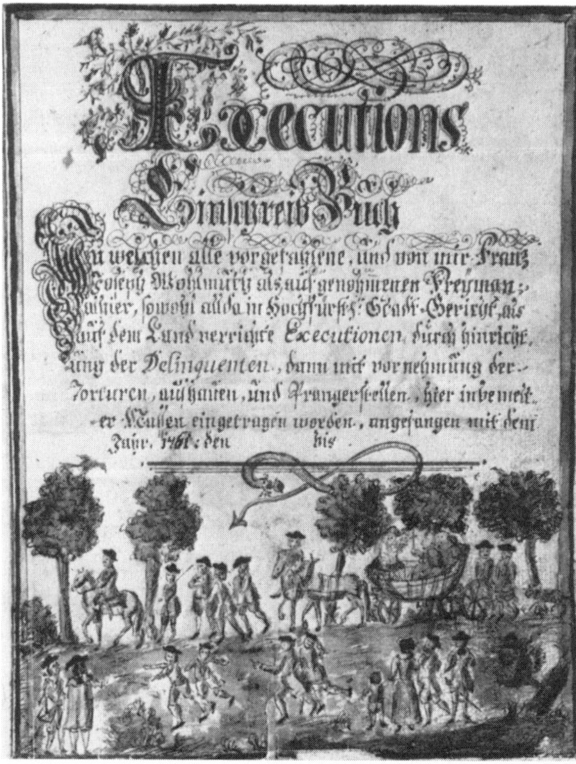


Das Salzburger Scharfrichter Tagebuch (1757–1817), geführt vom letzten Altsalzburger Scharfrichter Franz Joseph Wohlmuth. Demnach wurde unter der Regierung des Krummstabes erst 1801 die Folter abgeschafft (in Preußen schon 1740 und in Österreich 1776).

Infolge des dadurch ausgelösten Gegenangriffes verstärkter österreichischer Einheiten sah sich jetzt plötzlich das Erzstift von fremdländischen Soldaten überschwemmt. Der Erzbischof, sonst sehr stark im Kampf gegen die wehrlosen Protestanten, flüchtete angsterfüllt mit seinem gesamten Hofstaat vom Schloss Leopoldskron in die Residenz, wo er sich sicherer fühlen konnte. Von dort aus befahl er, die Festung Hohensalzburg sowie den Mönchs- und den Kapuzinerberg mit erprobten Schützen der Landfahne besetzen und die Bürgerwehr um sechshundert angeworbene Söldner verstärken zu lassen. Trotzdem führten sich die bayerischen Truppen wie eine „kriegerische Meute“ auf. Man konnte nicht verhindern, dass sie plünderten und im Land das Vieh fort führten. Ein Protest des Erzbischofs bei dem Wittelsbacher Kaiser Karl VII. blieb ohne Antwort. Diese ostentativ harte Haltung Bayerns mag im Zusammenhang mit der immer deutlicher gewordenen einseitigen Politik Salzburgs gestanden haben, der man vorwarf, mit den Österreichern in geheime Verhandlungen eingetreten zu sein und sie auch mit Waffen und Munition beliefert zu haben. Historiker nehmen heute an, dass man in der erzbischöflichen Kanzlei schon seit längerer Zeit in der Tat den Plan hegte, die Neutralität des militärisch so schwachen Erzstiftes endgültig aufzugeben. Dies wurde spätestens im November 1744 klar erkennbar, als Salzburg in Gefahr war, von den bayerischen Streitkräften gänzlich eingeschlossen zu werden. Damals rief man unverzüglich österreichische Armee-Einheiten um Hilfe, die auch prompt ihre Schutzfunktion wahrnahmen und, von den Einwohnern freudig begrüßt, längere Zeit als Besatzung verblieben.

In dieser kritischen Phase übernahm 1753 der vorletzte geistliche Landesfürst Salzburgs die Regierungsgeschäfte, Siegmund Christoph Graf von Schrattenbach (1753–1771), nach Gerhard Ammerer der frömmste Erzbischof der Neuzeit. Seine Frömmigkeit, deren Andachtsübungen ins Lächerliche abglitten, wirkte sich im Inneren des Landes fast quälend auf das Leben seiner Untertanen aus, weil sie mit seinen rückständigen Disziplinierungen gewaltsam in die intimste Privatsphäre im Alltag jedes Einzelnen eingriff. Für geringste Sittlichkeitsdelikte war Zucht- oder Arbeitshaus vorgesehen und einem Leugnen unzüchtiger Handlungen konnte sogar die Todesstrafe drohen.

Diese naiven Bevormundungen der Bevölkerung wurden jedoch bald von ganz anderen Sorgen verdrängt, die mit der aggressiven Außenpolitik Maria Theresias in Zusammenhang standen. Sie hatte ja während ihrer gesamten Regierungszeit stets nur ein Ziel vor Augen, nämlich die Rückeroberung von Schlesien. Dies war natürlich auch dem Preußenkönig nur zu gut bekannt, und als es ihrem Staatskanzler Graf Kaunitz gelungen war, eine schlagkräftige Allianz mit Frankreich, Russland, Schweden und Sachsen gegen Friedrich II. (1740–1786) aufzubauen, holte dieser zu einem Präventivschlag aus, indem er überraschend in Sachsen einmarschierte und damit im Oktober 1756 den Dritten Schlesischen Krieg, den man als den Siebenjährigen Krieg bezeichnet, auslöste.

Während all dieser Kriegsjahre musste der Salzburger Erzbischof und Landesfürst seiner reichsrechtlichen Verpflichtung nachkommen, dem Kaiser Franz I. von Lothringen (1708–1765) entsprechende Truppenkontingente zur Verfügung zu stellen, bei deren Zusammensetzung die Hofkanzlei des Landesfürsten recht rigoros vorging. Wie Gerhard Ammerer berichtet, steckte man zu diesem Zweck neben der regulären Anwerbung von Soldaten bevorzugt „Gasslgeher, Wilderer, liederliche Dienstboten, Raufer, unnütze Burschen und Vaganten zur Besserung zum Militär". Die Bereitstellung dieser Truppenverbände belastete natürlich den Staatshaushalt des Erzstiftes ganz erheblich und der dadurch entstandene finanzielle Engpass wurde noch zusätzlich dadurch verschärft, dass Maria Theresia vom Papst die Erlaubnis erwirkte, zur Deckung der Kosten während des Siebenjährigen Krieges von allen Hochstiften, also auch von Salzburg, den zehnten Teil ihrer Gewinne nach Wien abliefern zu lassen. Erst als die militärische und wirtschaftliche Erschöpfung während der hin und her wogenden Siege und Niederlagen auf beiden Seiten die kriegführenden Parteien an den Verhandlungstisch brachten und 1763 im Frieden von Hubertusburg die alten Vereinbarungen zwischen Preußen und Österreich erneuert und schließlich auch sanktioniert wurden, konnte man sich im Erzstift wieder verstärkt eigenen Problemen zuwenden, wobei die Bewältigung der als Folge des lang währenden Krieges entstandenen europaweit herrschenden Getreideknappheit Vorrang hatte.

# AUFKLÄRUNG UND SÄKULARISATION

Der letzte Regent im tausendjährigen geistlichen Fürstentum Salzburg war Erzbischof Hieronymus Graf Colloredo.

Erzbischof Graf Colloredo (1772–1812).

Wenn auch viele seiner später kritisierten Handlungen, seine lehrerhafte Pedanterie und Besserwisserei oder seine bis zum Geiz ausgeartete Knausrigkeit sein Bild sowohl bei den Zeitgenossen wie auch für die Nachwelt beschädigt haben mögen, so war dennoch sein Reformeifer dazu angetan, „als Fackelträger der Aufklärung das Licht der Erkenntnis in die mystisch dunkle Sphäre der mittelalterlichen Frömmigkeit Salzburgs hineingetragen zu haben“. Als Sohn des Reichsvizekanzlers in Wien war er zwar stets um die Familieninteressen der Habsburger bemüht, gleichzeitig aber auch streng darauf bedacht, die Eigeninteressen des ihm anvertrauten Erzstiftes zu wahren. Sein erträumtes Ziel war es, durch eine vorbildliche Führung seines fürstlichen Territoriums die Rolle eines Vorreiters der Aufklärung im katholischen Kulturraum des Deutschen Reiches spielen zu können, ohne dabei den reichskirchlichen Josephinismus willfährig nachzuahmen. Dieses Ziel war ja schon von Maria Theresia angestrebt, indem sie sich im Zeichen der allseits aufkommenden Aufklärung von dynamischen, fortschrittlich denkenden Mitarbeitern wie Graf Kaunitz oder Gerhard van Swieten beraten ließ, wenn ihr auch die Umsetzung von Empfehlungen dieser hervorragenden Männer nicht immer leicht fiel. Waren es doch deren Bestrebungen, die bisher fast sklavischen Bindungen an den Klerus und an den Adel zugunsten einer Politik des Rationalismus und der Staatsräson aufzugeben und in Zukunft auch die wirtschaftlichen Belange und die triste soziale Lage der Untertanen stärker zu berücksichtigen. Ihr Sohn, der Mitregent und spätere Kaiser des Heiligen Römischen Reiches, Joseph II. (1741–1790), übertraf aber den doch eher lauen Reformeifer seiner Mutter beträchtlich, wodurch er nach ihrem Tod in der Zeit seiner Alleinregierung in einen immerwährenden Konflikt mit der katholischen Kirche und den Papst geriet. Ungeachtet des ihm von der Kirche verliehenen Spottnamens eines „Erzsakristan des Heiligen Rö-

Kaiser Josef II.

mischen Reiches" gewährte er in seinem Toleranzedikt auch allen nichtkatholischen Bekenntnissen freie Religionsausübung, dem die Aufhebung von unzähligen Klostergemeinschaften, die nur meditativ und nicht zum Wohle der Allgemeinheit tätig waren, folgte und die in Spitäler, Irrenhäuser oder Arbeiterwohnungen umgewidmet werden mussten.

In diese beeindruckenden Reformansätze fügte sich auch Salzburg unter seinem Erzbischof Colloredo ein. Dessen Reformen betrafen neben dem Gesundheitswesen vordringlich das Schulwesen einschließlich des universitären Lehrbetriebes in der so genannten „Paridiana" Salzburgs. Während der kostenlose Besuch der Trivialschule, also der Volksschule, nun obligat wurde, gab es im Unterschied zu den Bemühungen van Swietens in Wien, der Aufklärung in Wissenschaft und Kultur an der Universität zum Durchbruch zu verhelfen, in Salzburg keinen unmittelbaren Zwang zur Umsetzung aufklärerischer Reformvorhaben, da es hier keine Jesuiten im Lehrbetrieb gab. Außerdem stand bei den Interessen eines geistlichen Fürstentums wie in Salzburg ohnedies die Rücksichtnahme auf Kirchenrecht, Kirchengeschichte und Reichsgeschichte an der Universität im Vordergrund. Im Übrigen orientierten sich im ersten Jahrzehnt der Regierung Colloredos die Studien- und Schulreformen auffallenderweise mehr am Beispiel Bayerns als an Österreich, da sich dort die Aufklärung richtiggehend in „schwunghaftem Aufstieg" befand, wie die ersten Gründungen von Geheimbünden, namentlich in Gestalt regulärer Freimaurerlogen, aber auch in den mehr esoterischen Rosenkreuzern und den so genannten Illuminaten bezeugen. Ähnliche Kräfte einer solchen weltlichen Aufklärung wurden auch in Salzburg erkennbar, wie dies die 1783 nach einem Hirtenbrief Colloredos erfolgte Gründung der Salzburger Loge „Zur Fürsicht" deutlich machte.

Als im Jahr 1785 generell im Reich alle Geheimgesellschaften wie die Freimaurerei oder die Illuminatenorden streng verboten und mit strafrechtlicher Verfolgung bedroht wurden, war es damals das geistliche Fürstentum Salzburg, das geradezu die Funktion einer „Fluchtburg und Auffangstelle" für die verbotenen Orden übernahm. Da der dortigen lokalen Freimaurerloge inzwischen bereits mehrere maßgebliche Persönlichkeiten im Universitätsbereich und in der weltlichen erzbischöflichen Regie-

Lorenz Hübner (1751–1807).

Franz Michael Vierthaler (1758–1827), der „Salzburger Pestalozzi".

rung angehörten, wurde sie zu einer Schaltstelle der Regierung, des gesamten Unterrichtswesens und der öffentlichen Meinungsbildung. Die einsam herausragende publizistische Leitfigur in jenen Jahren war Lorenz Hübner, der nicht nur zur Schlüsselfigur der Salzburger Aufklärung aufstieg, sondern Salzburg innerhalb weniger Jahre an die Spitze der Publizistik im gesamten katholischen deutschen Kulturkreis führte. In die Position Hübners rückte später Franz Vierthaler auf, den der Erzbischof zum „Direktor des deutschen Schulwesens" berief und dem angesichts seiner überragenden Verdienste um eine moderne Pädagogik der Titel eines „Salzburger Pestalozzi" verliehen wurde.

Diese erfreuliche innenpolitische Entwicklung erfuhr indessen einen jähen Bruch durch politische Spannungen außerhalb des Erzstiftes, die durch den plötzlichen Tod des bayerischen Kurfürsten Maximilian III. ausgelöst wurden. Kaiser Joseph II. erachtete nämlich die durch das Aussterben der Wittelsbacher geschaffene Gelegenheit für günstig, die während der letzten Kriege erlittenen österreichischen territorialen Verluste durch bayerische Erwerbungen zu kompensieren. Dem stand aber ein dubiöser Erbvertrag mit Karl Theodor, dem Kurfürsten von der Pfalz, im Wege, den Joseph II. allerdings unschwer zur Anerkennung der habsburgischen Ansprüche überzeugen konnte. Einem solchen Machtzuwachs Österreichs stellte sich aber Friedrich der Große entgegen, indem er wieder einmal seine Armeen in Marsch setzte. Dieser so genannte „Bayerische Erbfolgekrieg", der wegen des Ausbleibens ernsterer Kampfhandlungen auch als „Kartoffelkrieg" in die Geschichte einging, konnte rasch durch einen Frieden beendet werden, in welchem Oberösterreich zur Gänze nun dem Habsburgerreich einverleibt wurde.

In diesem Konflikt nahm der Salzburger Landesherr erwartungsgemäß Partei für die Habsburger Monarchie. Als man jedoch die Einsicht gewann, dass dem Erzstift mit der Übernahme der Alleinherrschaft durch Joseph II. Gefahren erwachsen könnten, flaute diese loyale Haltung Colloredos dem Kaiser gegenüber bald spürbar ab. Besonders beunruhigte den Kirchenfürsten der Umstand, dass sich im Zuge der umfangreichen Reformen des „Josephinismus" der Kaiser berechtigt sah, staatskirchenrechtliche und reformkatholische Veränderungen auch ohne päpstliche Mitwirkung, ja selbst ohne vorausgehende Verständigung mit dem Metropoliten in Salzburg vornehmen zu können, was Colloredo begreiflicherweise nicht widerstandslos hinzunehmen gedachte.

Noch gefährlicher für Salzburg wurde jedoch die erkennbare Absicht des Kaisers, nicht nur Wirtschaft, Kultur und Gesellschaft reformieren zu wollen, sondern darüber hinaus auch das Habsburgerreich territorial weiter auszudehnen. Bevorzugtes Ziel war zunächst Bayern. Da ihm dessen Einverleibung im Bayerischen Erbfolgekrieg nicht gelungen war, neigte er jetzt zu einem raffinierten Tauschgeschäft, mit dem er Bayern für sich zu gewinnen hoffte. Sein Plan bestand darin, für den ersehnten Besitz von Bayern die reichen österreichischen Niederlande, also das heutige Belgien, einzutauschen. Da der Kaiser in der Absicht, eine Ausgewogenheit in diesem ungleichen Handel herzustellen, neben Berchtesgaden auch das Erzbistum Salzburg in den Tausch miteinbeziehen wollte, bestand für Colloredo akute Gefahr. Das kaiserliche Projekt sah nämlich tatsächlich vor, den Erzbischof von Salzburg samt seinem Domkapitel nach Lüttich zu versetzen, wobei er Colloredo zur Beschwichtigung anbot, ihm zusätzlich die weltliche Herrschaft über die Herzogtümer Limburg und Luxemburg zu übertragen. Auf diese Weise glaubte Joseph II. die ideale Lösung der Salzburger Diözesanregulierung gefunden zu haben. Gleichzeitig hätte er mit diesem klugen Schachzug als Krönung seiner kirchenpolitischen Reformen die Säkularisierung und Mediatisierung des nicht reichsunmittelbaren Erzstiftes Salzburg erreicht.

Dieser Tauschplan wurde von Colloredo kategorisch abgelehnt. Er rief aber auch einen heftigen Protest der norddeutschen evangelischen Reichsfürsten hervor, die in der vom Kaiser angestrebten Bildung eines so mächtigen katholischen Blocks in Süddeutschland eine Gefahr erblickten. Zur „Wahrung der fürstlichen Libertät“ wurde deshalb unter der Führung Preußens eine antihabsburgische Koalition in Gestalt des „Deutschen Fürstenbundes“ gegründet, unter dessen Druck Joseph II. seine Politik des Ländertausches abblasen musste. Dieser Verzicht hatte aber noch einen anderen Grund. Als nämlich diese kaiserlichen Reformmaßnahmen in den österreichischen Niederlanden bekannt wurden, lösten sie bei den belgischen Ständen heftigsten Protest aus, der rasend schnell zu einem Aufstand in Löwen führte und im kommenden Jahr auf alle größeren Städte Brabants übergriff. Der allgemein so milde beschriebene „Volkskaiser“ setzte daraufhin eine Militärdiktatur ein und ließ nach jahrelangen Revolten, die Belgien erschütterten, den Aufstand schließlich gewaltsam niederkartätschen.

Kaiser Leopold II.

Als Kaiser Leopold II. (1747–1792) nach dem Tod seines Bruders die Nachfolge antrat, war er bemüht, die alte Ordnung so weit wie möglich wiederherzustellen, weshalb man in Salzburg aufatmen zu können glaubte. Doch spätestens nach seiner Wahl zum Kaiser scheint sich die Familie Habsburg auch um die Nachfolge des Salzburger Erzbischofs Gedanken gemacht zu haben. Dabei eröffneten sich ihrer Ansicht nach verschiedene Möglichkeiten, auf welche Weise man einen Zugriff auf das Erzstift durch das Haus Habsburg erreichen könnte. Ja, Kaiser Leopold II. ließ 1792 sogar ein Gutachten erstellen mit dem Auftrag, herauszufinden, „wie einem Erzherzog das Erzbistum Salzburg zu verschaffen wäre".

Solche Gedanken, die auch eine mögliche Bestellung eines Habsburgers als Koadjutor Erzbischof Colloredos miteinschlossen, wichen jedoch rasch angesichts drohender kriegerischer Auseinandersetzungen mit dem revolutionären Frankreich. Als im August 1791 Kaiser Leopold II., der preußische König Friedrich Wilhelm II. und der Führer der französischen Emigranten sich nach Auflösung des antihabsburgischen Fürstenbundes in der so genannten Pillnitzer Konvention dahingehend einigten, die Lage des französischen Monarchen Ludwig XVI. zur gemeinsamen Sache aller Fürsten des Reiches zu machen, forderte der Kaiser auch alle europäischen Souveräne auf, sich der monarchischen Interessen des französischen Königshauses anzunehmen ,um in einer gemeinsamen Note die Freilassung König Ludwigs XVI. zu erreichen. Die französische Nationalversammlung reagierte jedoch scharf auf die als Einmischung empfundene Konvention und drohte, falls der Kaiser nicht auf jede weitere Intervention zugunsten Ludwigs XVI. verzichten sollte, mit Krieg. Daraufhin wurde gegen das revolutionäre Frankreich die erste große Koalition gebildet, die sich zur sofortigen Mobilmachung ihrer Truppen entschloss und nach der französischen Kriegserklärung im April 1792 in den Ersten Koalitionskrieg zwischen dem revolutionären Frankreich und einer unter der Führung des Kaisers stehenden Koalition verschiedener europäischer Staaten eintrat. Inmitten dieser turbulenten Ereignisse starb Leopold II., sodass nun dessen Sohn Franz II. (1768–1835) das Erbe an der Schwelle zu einer von dunklen Wolken verdüsterten Zukunft antreten musste. Schon bald nach seinem Regierungsantritt drangen die siegreichen

Kaiser Franz II.

französischen Truppen bis Frankfurt in deutsches Gebiet vor, obwohl zunächst das Reich in dieser ersten Etappe des Krieges ebenso wie das Erzstift Salzburg unter Führung Colloredos neutral blieben. So konnten sich Colloredos Untertanen fernab des Krieges noch über ihre gesicherte wirtschaftliche und finanzielle Lage des Landes freuen und Lorenz Hübner konnte es in der von ihm redigierten Literaturzeitung sogar wagen, die anfänglich sich abzeichnenden freiheitlichen Bewegungen der konstitutionellen Revolutionsform in Frankreich zu loben, was den liberalen Geist im Salzburg Colloredos als Zentrum der Aufklärung im katholischen süddeutschen Raum eindrucksvoll widerspiegelt.

Als jedoch Kaiser Franz II. in seinem Kampf gegen das revolutionäre Frankreich sogar die Reichskirche als seine treue Verbündete an seiner Seite fand, zögerte auch Erzbischof Colloredo nicht mehr, aus seiner bisherigen neutralen Position herauszutreten und dem Kaiser seine aktive Hilfe anzubieten. Schon Anfang April 1793 entsandte er ein – wenn auch bescheidenes – Truppenkontingent an die rheinische Front, das im folgenden Jahr wesentlich verstärkt werden sollte. Dies machte es erforderlich, Zwangsrekrutierungen anzuordnen, was bei den Gebirgsbauern heftigen Widerstand auslöste. Der Höhepunkt dieser Auflehnung erreichte mit ihren Unruhen 1796 bereits die Einwohnerschaft der Residenzstadt. Als allerdings Colloredo erfuhr, dass die zum Militärdienst vorgesehenen jungen Männer aus dem Bauernstand „in Eisen und Banden durch die Gerichtsdiener nach Salzburg gebracht werden mussten", stellte er unverzüglich alle Versuche einer derart gewaltsamen Aushebung von Soldaten in seinem Erzstift ein, was jedoch nichts an seiner unverbrüchlichen Treue zum habsburgischen Kaiser änderte.

Die Entscheidung im österreichisch-französischen Krieg fiel allerdings nicht am Rhein, sondern in Oberitalien, wo Napoleon Bonaparte, seit 1796 Oberkommandierender der republikanischen französischen Streitkräfte, in der Poebene alle Stellungen der Österreicher überrannte und sich anschickte, sich auf seinem Marsch nach Wien mit der französischen Rhein-Armee zu vereinigen, was jedoch durch den militärischen Erfolg Erzherzog Karls in Süddeutschland vereitelt wurde. Napoleon, der sich mit seinen Truppen bereits in der Steiermark und in Kärnten aufhielt, war angesichts des Misslingens seines Planes im April 1797 zu einem

Kaiser Napoleon Bonaparte.

Waffenstillstand bereit, der zum Präliminarfrieden von Leoben und ein halbes Jahr später zum Frieden von Campoformido ausgeweitet wurde. Im Unterschied zum Reich ging Österreich aus diesem Vertrag eher gestärkt hervor, was Erzbischof Colloredo jedoch mit gemischter Freude zur Kenntnis nahm. Wurde doch gerüchteweise bei diesen Friedensverhandlungen zur Kompensation der verlorenen österreichischen Niederlande die Einverleibung des Erzstiftes in die habsburgischen Erbländer ernsthaft ins Auge gefasst. Ja, man sprach im Salzburger Hofkreis schon ganz offen von einer möglichen Säkularisierung des Erzstiftes, was gleichbedeutend mit einer Enteignung des kirchlichen Erzstiftes durch den Staat gewesen wäre.

Inzwischen war aber durch das weitere Vordringen Napoleons auf österreichisches Gebiet auch das Erzstift selbst direkt bedroht, das einer solchen militärischen Übermacht natürlich nicht gewachsen war, weshalb Colloredo den Kaiser um Erlaubnis bat, mit Napoleon einen Separatfrieden abschließen zu dürfen. Da dieses Ansinnen in Wien abschlägig beantwortet wurde, entschloss sich der Landesfürst zur rechtzeitigen Flucht. Diesen Plan konnte er jedoch nicht so ohneweiters verwirklichen, da es in der Bevölkerung zu tumultuösen Protesten kam, als man entdeckte, dass der geistliche Oberhirte das gesamte Kammergeld in Höhe von 30.000 Gulden, in Fässern versteckt, ins Ausland mitnehmen wollte. Seine Fluchtpläne stellte er aber auch deshalb bis auf weiteres zurück, weil er erfuhr, dass die endgültige Entscheidung über das Schicksal des Erzstiftes erst vom „Reichsfriedenskongress" zu erwarten sei, der im Dezember 1797 in Rastatt seine Tätigkeit aufgenommen hatte. Aber noch während diese Konferenz in Rastatt tagte, wurde mit der Kriegserklärung Frankreichs an die Großmächte Österreich und Russland der Zweite Koalitionskrieg eröffnet, der zunächst noch für die Verbündeten eher hoffnungsvoll begann. Bis zum Herbst des Jahres 1800 spielten sich die kriegerischen Handlungen fern des süddeutschen Raumes ab, sodass man in Bayern ebenso wie im Erzstift Salzburg noch in aller Ruhe über wirtschaftliche Fragen verhandeln konnte. Was Colloredo nicht erspart blieb, war die Erfüllung seiner Verpflichtung, als Verbündeter des Kaisers immer wieder erhebliche österreichische Truppenverbände in seinem Territorium beherbergen und mit Proviant versorgen zu müssen. Als man im März dieses Jahres auch noch rund 400 Mann zur Unterstützung der Verbündeten in den Westen entsenden musste, waren neuerliche Aushebungen von Soldaten unumgänglich. Führten Rekrutierungen zum Militäreinsatz noch drei Jahre zuvor zu einem heftigen Widerstand in der bäuerlichen Bevölkerung, so bereiteten diese angesichts der großen, auf sie zukommenden Gefahren keine Schwierigkeiten mehr.

Eine schlagartige Veränderung der politischen Lage trat erst im November dieses Jahres ein, als der aus Ägypten zurückgekehrte Napoleon Bonaparte, der inzwischen als „Erster Konsul" zum Alleinherrscher in Frankreich aufgestiegen war, in die Handlungen eingriff und in Italien von Sieg zu Sieg eilte. Als er auch die entscheidende Schlacht bei Marengo am 14. Juni 1800 für sich entscheiden konnte, richtete er an den Kaiser Franz II. ein Schrei-

Großherzog Ferdinand von Toskana, Kurfürst von Salzburg

ben, in dem er mit bewegenden Worten diesem ein Friedensangebot unterbreitete, das der Kaiser jedoch hochmütig ablehnte. Erst nach der vernichtenden Niederlage der österreichischen Verbände bei Hohenlinden in der Nähe von München musste er die harten Bedingungen des in Lunéville geschlossenen Friedens akzeptieren. Unter anderem musste er auf das Großherzogtum Toscana verzichten, auf welches bisher die habsburgische Linie den Nachfolgeanspruch besaß. Doch wie schon in den vorausgegangenen Beschlüssen war auch diesmal eine Entschädigung des betroffenen Fürsten Großherzog Ferdinand III. von Toscana vorgesehen, der zum Ausgleich für sein verlorenes Land unter anderem auch das Erzbistum Salzburg zugesprochen bekam. Erzbischof Colloredo, dessen Versuch, sich beim französischen General Jean Victor Moreau gegen eine hohe Geldsumme für Salzburg einen Neutralitätsstatus zu erkaufen, scheiterte, trat nun endgültig seine eiligst vorbereitete Flucht nach Wien an, bevor noch die herannahenden Franzosen in seine Residenzstadt einrückten. Eine Rettung des Erzstiftes Salzburg für Colloredo war für alle Zukunft nicht mehr möglich und wurde von Wien aus auch gar nicht mehr in Betracht gezogen, da durch die Verhandlungen in Lunéville Salzburgs Zukunft ohnehin unwiederbringlich „zu Nutz und Frommen" des Hauses Habsburg entschieden worden war. Für Erzbischof Colloredo war dies auch völlig bedeutungslos, ob das Erzstift als geistliches Kurfürstentum erhalten blieb oder ob es säkularisiert wurde, denn in jedem der beiden Möglichkeiten hätte er auf seine weltliche Herrschaft verzichten müssen. Deshalb legte er offensichtlich auch keinen Wert mehr darauf, bei seinen Untertanen ebenso wie bei der Nachwelt ein schmeichelhaftes Bild seiner Persönlichkeit zu hinterlassen. Wie Hammermayer berichtet,

Kurfürstentum Salzburg 1803-1805
nach H. Dopsch, Grafik: S. Haas-Ortner

beanspruchte er trotz der prekären wirtschaftlichen Lage seines ehemaligen Territoriums neben 50.000 Gulden als so genannte „Fluchtgelder“ zur Bestreitung seines aufwändigen Exilhofes in Wien monatlich 6.000 Gulden, wozu noch die Jahresrente von 80.000 Gulden kam, die ihm als Metropolit und geistlicher Direktor des Reichsfürstenrates zustanden. Kein Wunder, wenn nach Bekanntwerden der gierigen Raffsucht ihres ehemaligen geistlichen Landesfürsten im Erzstift der Ruf nach einem neuen Landesherrn immer lauter wurde. Dieser sollte der ehemalige habsburgische Großherzog Ferdinand III. von Toscana werden, der sich in der zweiten Jahreshälfte 1803 mit Colloredo über einen reibungslosen und friedfertigen weltlichen Regierungswechsel einigte. In dem so genannten Besitzergreifungsdekret gab Colloredo seine Resignation als weltlicher Landesherr bekannt, nicht jedoch als Erzbischof und als Metropolit. So fand die weltliche Herrschaft der Salzburger Erzbischöfe als Reichsfürsten nach einem tausendjährigen Bestand ihr Ende.

# EPILOG

Das auf diese Weise im Jahre 1803 geschaffene Kurfürstentum, bestehend aus dem Hochstift Salzburg, der gefürsteten Propstei Berchtesgaden, sowie dem Hochstift Passau und Eichstädt, hat allerdings schon im Dezember 1805 zu existieren aufgehört. Im Frieden von Pressburg wurde Salzburg nämlich der österreichischen Monarchie eingegliedert, wodurch das bisher stets selbständige Salzburg zu einer Provinz des habsburgischen Kaiserreiches herabsank. Nach dem Sieg Napoleons über die Österreicher bei Wagram musste jedoch der Kaiser 1809 im Frieden von Schönbrunn auf das eben erst erworbene Salzburg wieder verzichten, da es im Frankfurter Vertrag 1810 an die Krone Bayerns fiel.

Wegen der großen strategischen Bedeutung des Landes Salzburg wurde es zu einem Hauptproblem ständiger Schlichtungen und Verhandlungen zwischen Bayern und Österreich. Doch bevor es im Januar 1816 deswegen sogar zu einer drohenden Auseinandersetzung zwischen den beiden Streitparteien kam, einigte man sich letzten Endes doch gütlich. Schon im April dieses Jahres verständigte man sich in München zu einem Kompromiss, in welchem Bayern bereit war, endgültig auf Salzburg zu verzichten, unter der Bedingung, dass Österreich im Gegenzug Berchtesgaden und den Rupertiwinkel an Bayern abzutreten bereit war.

So gelangte, wie Hanns Haas in seiner Studie über „Salzburg in der Habsburgermonarchie" schreibt, Salzburg nach einer mehr als tausendjährigen historisch politischen Individualität in Gestalt eines unabhängigen geistlichen Fürstentums nun von 1816 bis 1918 – also etwas mehr als hundert Jahre – als ein Herzogtum unter die Herrschaft der Habsburger.

# ANHANG

# BISCHÖFE und ERZBISCHÖFE

Rupert (Abtbischof in Salzburg, auch Bischof von Worms) 696–716/18
Vitalis (Abtbischof in Salzburg) 718–727(?)
Flobrigis (latinisiert Flobargisus, Abtbischof in Salzburg) ca. 730-ca. 737
Johannes I. (erster Bischof der neuen Diözese Salzburg) 739–745
Virgil 745–784
(Beretricus, interimistischer Leiter) 784–785
Arn (seit 798 erster Erzbischof der Erzdiözese Salzburg) 785–821
Adalram 821–836
Liupram 836–859
Adalwin 859–873
Adalbert I. 873-874
Theotmar (Dietmar I.) 874–907
Pilgrim I. 907–923
Adalbert II. (Odalbert) 923–935
Egilolf 935–939
Herold 939–955
Friedrich I. 958–991
Hartwig 991–1023
Gunther von Meißen 1023–1025
Dietmar II. 1025–1041
Baldwin 1041–1060
Gebhard 1060–1088
*– Berthold von Moosburg - vom Kaiser eingesetzter Gegenerzbischof 1085–1106*
Thiemo 1090–1098
Konrad I. von Abensberg 1106–1147
Eberhard I. von Biburg 1147–1164
Konrad II. von Babenberg 1164–1168
Adalbert III. von Böhmen 1168–1177
*– Heinrich von Berchtesgaden - auf kaiserliche Anordnung gewählter Gegenerzbischof 1174–1177*
Kardinal Konrad III. von Wittelsbach 1177–1183
Adalbert III. von Böhmen (zum zweiten Mal) 1183–1200
Eberhard II. von Regensberg 1200–1246
Burkhart I. von Ziegenhain 1247
Philipp von Spanheim (Administrator, "Erwählter zum Erzbischof") 1247–1257
Ulrich von Seckau 1257–1265
Wladislaw von Schlesien 1265–1270
Friedrich II. von Walchen 1270–1284
Rudolf I. von Hoheneck 1284–1290

Konrad IV. von Fohnsdorf 1291–1312
Weichart von Polheim 1312–1315
Friedrich III. von Leibnitz 1315–1338
Heinrich von Pirnbrunn 1338–1343
Ortolf von Weißeneck 1343–1365
Pilgrim II. von Puchheim 1365–1396
Gregor Schenk von Osterwitz 1396–1403
Eberhard III. von Neuhaus 1403–1427
*– Berthold von Wehingen - auf Betreiben von Herzog Wilhelm ernannter Gegenerzbischof 1403–1406*
Eberhard IV. von Starhemberg 1427–1429
Johann II. von Reisberg 1429–1441
Friedrich IV. Truchsess von Emmerberg 1441–1452
Sigismund I. von Volkersdorf 1452–1461
Kardinal Burkhard II. von Weißpriach 1461–1466
Bernhard von Rohr 1466–1482
Johann III. Beckenschlager 1482–1489
Friedrich V. Graf von Schaunberg 1489–1494
Sigmund II. von Hollenegg 1494–1495
Leonhard von Keutschach 1495–1519
Kardinal Matthäus Lang von Wellenburg 1519–1540
Ernst Herzog von Bayern (Administrator) 1540–1554
Michael von Kuenburg 1554–1560
Johann Jakob von Kuen-Belasy 1560–1586
Georg von Kuenburg 1586–1587
Wolf Dietrich von Raitenau 1587–1612
Markus Sittikus Graf von Hohenems 1612–1619
Paris Graf von Lodron 1619–1653
Kardinal Guidobald Graf von Thun und Hohenstein 1654–1668
Kardinal Max Gandolf von Kuenburg 1668–1687
Johann Ernst Graf von Thun und Hohenstein 1687–1709
Franz Anton Fürst von Harrach 1709–1727
Leopold Anton Eleutherius Freiherr von Firmian 1727–1744
Jakob Ernst Graf von Liechtenstein 1745–1747
Andreas Jakob Graf von Dietrichstein 1747–1753
Sigismund III. Christoph Graf von Schrattenbach 1753–1771
Hieronymus Graf von Colloredo 1772–1812

# LITERATURVERZEICHNIS


**Ammerer**, Gerhard, in: Dopsch und Spatzenegger: Geschichte Salzburgs Band II./1, Salzburg 1984

**Andreas** Willy, Neue Propyläen Weltgeschichte. Berlin 1940

**Baumgartner**, Eduard, Salzburg. Ein Führer durch die Geschichte der Stadt und ihrer Bewohner, Teil 1 u.2 Salzburg 1921

**Beumann**, Helmut L., Zur Textgeschichte der Vita Ruperti. In: Festschrift Heimpel, Göttingen 1972

**Burckhardt** Carl und **Heer** Friedrich, Europa. Sein Wesen im Bild der Geschichte, Bern Stuttgart Wien 1960

**Brettenthaler**, Josef, **Feurstein**, Volkmar, Landeskrankenhaus Salzburg. Salzburg 1986

**Dannheimer**, Hermann, Die Bayuwaren. Landesausstellung, Rosenheim/Bayern und Mattsee/Salzburg 1988

**Dopsch**, Heinz, Geschichte Salzburgs. Universitätsverlag Anton Pustet, Salzburg 1983, Band I. Teil I und II.

**Dopsch**, Heinz und Geschichte Salzburgs, Universitätsverlag
**Spatzenegger**, Hans, Anton Pustet, Salzburg 1988. Band II, Teil I.

**Dopsch**, Heinz, Geschichte Salzburgs. Band I., Teil III., Salzburg 1984,

**Dopsch**, Heinz und **Juttinger**, Roswitha und St.Peter in Salzburg. Landesausstellung. Salzburg 1982,

**Dopsch**, Heinz und **Juttinger** Roswitha, Virgil von Salzburg, Missionar und Gelehrter. Symposium. Salzburg 1985

**Dopsch**, Heinz, Vollständige Quellenhinweise, Biographien und Einzelliteratur Hinweise. In: Geschichte Salzburgs Band I/3 Salzburg 1984

**Fischer**, Joh. F., Anschrift Salzburg, Wien 1975.

**Forstner**, K., Das Verbrüderungsbuch von St. Peter in Salzburg. Graz 1974

**Fuhrmann** Franz, Salzburg in alten Ansichten. Die Stadt., Salzburg 1963

**Fuhrmann**, Franz, Salzburg in alten Ansichten. Das Land., Salzburg 1980

**Gonda**, Imre und **Niederhauser**, Emil, Die Habsburger. Wien 1983

**Haas**, Hanns, in: Dopsch und Spatzenegger: Geschichte Salzburgs Band II./1, Salzburg 1984

**Hammermeyer**, Ludwig, in: Dopsch und Spatzenegger: Geschichte Salzburgs Band II./1, Salzburg 1984

**Hantsch**, Hugo, Geschichte Österreichs. 2 Bde., Graz, Wien, Köln, 1959

**Heinisch**, Reinhard, in: Dopsch und Spatzenegger: Geschichte Salzburgs Band II./1, Salzburg 1984

**Hollis** Christopher, Urbi et Orbi. Das Papsttum und seine Geschichte. Bern Wien München 1964

**Hübner**, K., Beschreibung der Hochfürstlich erzbischöflichen Haupt- und Residenzstadt Salzburg, 2 Bände. Neudruck Salzburg 1982

**Krön**, Peter, Landesausstellung: Fürsterzbischof Wolf Dietrich von Raitenau. Salzburg 1987

**Martin** F., Kleine Landesgeschichte von Salzburg. Neubearb.v. Heinisch R. Salzburg 1979

**Mezger**, P.J., Historia Salisburgensis, hoc est Vitae Episcoporumn et Archiepiscoporum Salisburgensium., Salisburg M.DC.XCII

**Neumayr**, Anton, Vom historischen Jesus zum päpstlichen Absolutismus. Wien 2003

**Noll**, R. Eugippius, das Leben des hl. Severin. Passau 1981

**Penninger**, Ernst und **Stadler** Georg, Hallein. Ursprung und Geschichte der Salinenstadt, Salzburg 1970

**Pollak**, Walter, Tausend Jahre Österreich, Band 1, o.J.,Wien.
**Prause**, Gerhard, Tratschkes Lexikon für Besserwisser.
**Putz**, Peter, Das Salzburger Scharfrichter Tagebuch. Wien 1985
**Ritschel**, Karl Heinz, Von Salzburg und Salzburgern. Salzburg 1984
**Ritschel**, Karl Heinz, Die Salzburger Universität von 1622 bis 1964. Salzburg 1964
**Roberts**, John, Knaurs Illustrierte Weltgeschichte. Augsburg 2007
**Schieffer**, Th., Winfried Bonifatius und die christliche Grundlegung Europas. Darmstadt 1972
**Seger** Otto und **Putzer** Peter: Hexenprozesse in Liechtenstein und das Salzburger Rechtsgutachten 1682., Salzburg 1987
**Spatzenegger**, H., Festschrift 1200 Jahre Dom zu Salzburg. Salzburg, 1974
**Vaida**, Stephan, Felix Austria. Eine Geschichte Österreichs., Wien, Heidelberg 1980
**Wagner**, Wilhelm, Geschichte Österreichs. St. Pölten Wien Linz 2002
**Wagner**, Hans, in: Dopsch und Spatzenegger: Geschichte Salzburgs Band I./1, Salzburg 1983
**Wenninger,** Markus J., in: Dopsch und Spatzenegger: Geschichte Salzburgs Band I./2, Salzburg 1983
**Weninger**, Peter, Österreich in alten Ansichten. Salzburg 1977
**Wuttke**, H., Die Kosmographie des Isteriers Aithikos. Leipzig 1853
**Zillner** F., Geschichte der Stadt Salzburg, 2 Bde, Salzburg 1885 und 1890

## FOTONACHWEIS

WIKI: Karl Bauer: 159, Xell: 63

GESCHICHTE SALZBURGS, HEINZ DOPSCH U. HANS SPATZENEGGER: GS I, BAND I/1 UND 1/2
PARACELSUS IN ÖSTERREICH, KARL PISA: Wien 1991,
HALLEIN. URSPRUNG UND GESCHICHTE DER SALINENSTADT., Ernst Penninger u. Georg Stadler. Sbg.1970
DAS SALZBURGER SCHARFRICHTER TAGEBUCH. PETER PUTZER. Wien 1985
HEXENPROZESSE IN LIECHTENSTEIN UND DAS SALZBURGER RECHTSGUTACHTEN vom Jahre 1682. Wien 1987
DIE SALZBURGER UNIVERSITÄT 1622 BIS 1964. Max Kaindl Hönig und Karl Heinz Ritschel. Salzburg 1964
DIE NEUE PROPYLÄEN WELTGESCHICHTE W ANDREAS O.J.
ST. PETER IN SALZBURG. SALZBURG 1982 LANDESAUSSTELUNG, 1987
GESCHICHTE ÖSTERREICHS. Wilhelm J. Wagner. Salzburg 2002
EUROPA. SEIN WESEN IM BILD DER GESCHICHTE. Carl Burckhardt EUR und Friedrich Heer. Bern Stuttgart Wien 1960
URBI ET ORBI. DAS PAPSTTUM UND SEINE GESCHICHTE. CHRISTOPHER HOLLIS. BERN WIEN MÜNCHEN O.J.
KNAURS ILLUSTRIERTE WELTGESCHICHTE.
SALZBURG IN ALTEN ANSICHTEN. DIE STADT.
SALZBURG IN ALTEN ANSICHTEN. LAND
ÖSTERREICH IN ALTEN ANSICHTEN.
FÜRSTERZBISCHOF WOLF DIETRICH. Salzburger Landesausstellung WODI, 1987
GESCHICHTE SALZBURGS. Dopsch u. Spatzenegger Band II/1
ERBKRANKHEITEN IN EUROPÄISCHEN FÜRSTENHÄUSERN

Am Ende des neunten Lebensjahrzehnts stehend, hat der Autor eine weite Spanne unseres an Ereignissen so reichen 20. Jahrhunderts miterlebt.

Durch den Vater, Bürgermeister von Hallein, früh mit dem politischen Leben vertraut gemacht, konnte er in den Jahren der jungen Ersten Republik die unruhigen Zeiten und die dramatischen Höhepunkte hautnah miterleben. In die Schulzeit am Realgymnasium in Salzburg fielen schließlich noch die fünf Jahre des so genannten Austrofaschismus mit all seinen gesellschaftspolitischen Auswirkungen.

Er blickt zurück auf ein Leben als ausübender Pianist, Autor einschlägiger Bücher und natürlich als Arzt und klinischer Wissenschaftler. Der langsame Aufstieg bis zum Vorstand einer medizinischen Klinik zeigt, dass dieser Weg bis zum Erreichen des Zieles viele Opfer gefordert hat. Aber auch welche Freude dieser herrliche Beruf mit sich bringt.

Es ist ein Buch, welches die vielen heiteren, besinnlichen und traurigen Aspekte eines Ärztelebens illustriert und zugleich immer den Zusammenhang mit historischen, politischen, künstlerischen und natürlich beruflichen Fakten herstellt.

# ERINNERUNGEN EINES ARZTES

*Ein Leben für die Medizin und die Musik*

**ANTON NEUMAYR**

ISBN 978-3-85052-259-5

IBERA

Anton Neumayr
**Berühmte Komponisten im Spiegel der Medizin** (Band 1-4)

(1) Haydn, Mozart, Beethoven, Schubert, ISBN 978-3-85052-189-5
(2) Hummel, Paganini, Wagner, Bruckner, ISBN 978-3-85052-216-8
(3) Von Weber, Mendelssohn-Bartholdy, Schumann, Brahms, ISBN 978-3-85052-217-5
(4) Chopin, Smetana, Tschaikowsky, Mahler, ISBN 978-3-85052-218-2

IBERA Verlag, Wien